TROISIÈME CONGRÈS

DE LA

Fédération des Artistes-Musiciens

de France

(DEUXIÈME CONGRÈS INTERNATIONAL)

Tenu à Paris les 9, 10 et 11 Mai 1904

A la Bourse du Travail

SOUS LA PRÉSIDENCE D'HONNEUR DE

Gustave CHARPENTIER et Alfred BRUNEAU

Prix : 0 fr. 70

En Vente au siège de la Fédération

BOURSE DU TRAVAIL

3, RUE DU CHATEAU-D'EAU — PARIS, Xᵉ

1904

TROISIÈME CONGRÈS

DE LA

Fédération des Artistes-Musiciens de France

(DEUXIÈME CONGRÈS INTERNATIONAL)

Tenu à Paris les 9, 10 et 11 Mai 1904

A la Bourse du Travail

SOUS LA PRÉSIDENCE D'HONNEUR DE

Gustave **CHARPENTIER** et Alfred **BRUNEAU**.

———

Prix : O fr. 70

———

En Vente au siège de la Fédération

BOURSE DU TRAVAIL

3, RUE DU CHATEAU-D'EAU — PARIS, Xᵉ

—

1904

AVANT-PROPOS

En présentant aux Fédérés français le compte-rendu sténographique du Congrès de Paris de mai 1904, nous avons pour but de les mettre à même d'apprécier l'importance de l'œuvre dont ils ont été les artisans.

Qu'ils lisent cette brochure ; certains passages leur paraîtront inutiles ; certaines discussions leur sembleront oiseuses. Mais s'ils se donnent la peine d'aller au fond du débat, ils s'apercevront vite que rien n'est de trop de tout ce qui fut dit. « La science, affirmait un vieil astronome, n'a pas de chemin privilégié pour les rois » ; nous amplifierons cette parole en l'appliquant au travail et aux travailleurs, et nous croirons que les efforts dévoués de ceux de nos camarades auxquels le soin échut de vérifier et de mettre au net les six séances du Congrès n'auront pas été vains s'ils contribuent à faire entrer dans l'esprit des fédérés français — et des confédérés internationaux — la certitude de leur force jointe à la conscience de leurs devoirs.

Le Comité Fédéral.

Ont participé au Congrès :

MM. BAILLY, délégué du syndicat d'Angers.
    BONNEVILLE,   —   Bordeaux.
    BELAIN,   —   —
    SCHLOSSER,   —   Brest.
    BLANQUART,   —   Caen.
    GUINAND,   —   Genève.
    COUSIN,   —   Le Havre.
    WILD,   —   —
    BACQUEVILLE,   —   Lille.
    DARCQ,   —   —
    RUGGIERY,   —   Lorient.
    ANDRÉ,   —   Lyon et Toulouse.
    REY,   —   —   —
    MAUREL,   —   Marseille.
    GRÉGOIRE,   —   —
    GOULY,   —   Nantes.
    LEGAUD,   —   Nîmes.
    DUMONT,   —   Orléans.
    TIGET,   —   —
    TISNÉ,   —   Pau.
    LENOIR,   —   Rouen.
    CASTELAIN,   —   —
    JUDE,   —   Tours.
    GUILLET,   —   Grenoble.

    MARX
    MILLION
    POUDROUX   }   délégués du syndicat de Paris.
    PRÉVOST
    STRAUSS

J.-B. WILLIAMS, secrétaire de l'Amalgamated Musician Union, Angleterre.

DE REESE, président de la Fédération des Artistes-Musiciens de Belgique.

LIÉGEOIS, secrétaire,   —   —   —
FAES, délégué,   —   —   —
BERTONE, délégué de la Fédération des Artistes-Musiciens d'Italie.

C.-Louis PERRET, secrétaire de la Fédération des Artistes-Musiciens de France.

Henry LERICHE, trésorier,   —   —
George BARRÈRE, membre du Comité Fédéral.
A. SEITZ,   —
Louis FLEURY,   —
E. DEMÉO,   —
ROBILLARD,   —
DELEVOIE,   —

PREMIÈRE SÉANCE

Lundi 9 mai 1904

*N. B. La première séance d'un Congrès étant généralement con-
sacrée aux vérifications de mandats, à la lecture des rapports et au réglement de question d'ordre intérieur d'importance secondaire, le Comité Fédéral qui était chargé de l'organisation matérielle du Congrès n'avait pas cru nécessaire
d'en faire prendre le relevé sténographique.*
*Ce compte rendu a été établi d'après les notes prises en cours de
séance par les camarades Blanquart et Ruggiery.*

La séance est ouverte à 9 heures et demie du matin sous
la présidence d'Alfred Bruneau, président d'honneur de la
Fédération, assisté des camarades Ruggiery, Blanquart et
Fleury membres du Comité Fédéral.

En quelques mots, Alfred Bruneau souhaite la bienvenue
aux congressistes et nous renouvelle l'assurance de sa sympathie. Il nous recommande de ne pas oublier au cours des
décisions que nous sommes des artistes et que les intérêts
de l'art doivent nous préoccuper en même temps que nos
légitimes intérêts professionnels. (Applaudissements unanimes.)

Le maître Alfred Bruneau donne la parole au président
du bureau provisoire, le camarade Ruggiery doyen d'âge
du *Comité Fédéral.*

Allocution du camarade Ruggiery.

Camarades,

Je me félicite d'avoir à présider la séance d'ouverture
de ce Congrès, tout en regrettant néanmoins de ne pas être
appelé à faire partie de ce bureau provisoire au même titre
que mes jeunes camarades Fleury et Blanquart.

Avant toute chose, je veux adresser le salut fraternel les
souhaits de bienvenue du Comité fédéral aux délégués des

1

syndicats de France et des autres nations amies qui sont venus prendre part aux travaux du Congrès de 1904.

En ce qui concerne la province, je regrette que les délégués ne soient pas plus nombreux.

Il ne faut pourtant pas mettre sur le compte de l'indifférence l'abstention de certains syndicats à se faire représenter à ce Congrès, car beaucoup d'entre eux, se sont trouvés devant des difficultés financières difficiles à résoudre et ont dû, bien malgré eux s'abstenir.

C'est précisément pour éviter le retour de semblables difficultés que le Comité fédéral propose de faire supporter par la Caisse de la Fédération, les frais de déplacement, et de séjour qu'occasionneront dans l'avenir l'envoi de délégués au prochain Congrès. Maintenant avant de faire procéder à la nomination du bureau, je fais appel à vos sentiments de camaraderie pour vous prier d'apporter le plus de modération possible dans la discussion des divers articles de l'ordre du jour du Congrès.

Ne perdez pas de vue un seul instant que tout ce qui a été fait jusqu'à ce jour par le Comité fédéral, n'a pas eu d'autre but que celui de relier le plus solidement possible toutes les organisations syndicales de la fédération et que, si dans certaines circonstances, il s'est abstenu de prendre une décision, c'est qu'il désirait ne pas sortir de son rôle de pacificateur, et qu'il laissait au temps le soin de régler certains dissentiments locaux.

Et maintenant, chers camarades, mettons-nous à la besogne. (*Vifs applaudissements*).

Cousin, délégué du Havre, demande la parole. Il demande qu'avant d'aborder l'ordre du jour, le Congrès convoque l'ancien président, démissionnaire depuis quelques mois, afin de connaître les raisons de cette démission.

Fleury, membre du Comité fédéral, combat cette proposition. Il dit que cette démission a été formelle, et que le Congrès ne serait pas dans son rôle en essayant de faire revenir sur sa résolution l'ancien président.

Cousin réplique qu'aussitôt que cette démission s'est produite, le Comité fédéral aurait dû réélire un nouveau président. Depuis cette époque, le bureau n'étant plus constitué conformément aux statuts, toutes les décisions prises ne peuvent être valables.

Bonneville (Bordeaux) appuie l'opinion du Havre.

Schlosser (Brest) dit que si les organisations prenaient l'habitude de correspondre plus régulièrement avec leur délégué au Comité fédéral, des incidents du genre de celui-ci ne se produiraient plus, car toutes les organisations connaîtraient par leur délégué les circonstances qui ont amené la modification du bureau.

Prévost (Paris) dépose une motion d'ordre. Il fait remarquer que le Congrès n'a pas encore nommé son bureau de séance définitif, et que nous ne devons pas continuer à discuter dans ces conditions.

Perret, secrétaire fédéral, dit qu'il ne comprend pas pourquoi l'on ne se conforme pas à l'ordre du jour établi. Il est évident que le Comité fédéral doit, d'après cet ordre du jour, rendre compte de sa gestion morale et financière. Un fait aussi important que la modification du bureau ne sera pas passé sous silence, et le camarade Cousin n'aura qu'à reprendre sa proposition si les explications qui lui seront données ne le satisfont pas.

Bailly (Angers) appuie l'avis de Perret. Il regrette que ce débat ait été aussi vif et fait le vœu que dans les discussions prochaines le ton de la discussion soit toujours cordial et amical.

Le Congrès décide de passer à l'ordre du jour et procède à la vérification des mandats.

Cousin (Le Havre) demande que le camarade Bailly, délégué d'Angers, ne puisse pas prendre part au Congrès, parce qu'il n'est pas Français. Il invoque, à l'appui de cette demande, la loi de 1884 sur les syndicats.

Cousin demande également que les délégués appartenant au syndicat de Paris et représentant des organisations de province n'aient pas voix délibérative, mais seulement voix consultative.

Bailly (Angers) rappelle qu'il a pris part au dernier Congrès, à Bordeaux, qu'il a même présidé une des séances, et que personne n'a soulevé l'objection que présente aujourd'hui le délégué du Havre.

Cousin lit un article de la loi de 1884 et un passage des commentaires de cette loi.

Bailly répond qu'il ne s'agit pas d'administrer un syndicat ; le Congrès est une sorte d'assemblée générale, et, comme dans toute assemblée générale, tous les syndiqués ont les mêmes droits.

Perret dit qu'en effet la restriction apportée par la loi de 1884, au sujet de l'administration d'un syndicat, ne peut pas s'appliquer à un Congrès. Il demande la clôture de la discussion sur la première proposition du Havre, qui consiste à exclure du Congrès le délégué d'Angers.

La clôture est adoptée.

Le vote sur la proposition du Havre donne le résultat suivant :

Pour : 4 (Le Havre et Bordeaux).

Contre : 21.

Abstention : 1 (Angers).

La proposition est repoussée.

On reprend la discussion sur la deuxième proposition du Havre.

Cousin dit que les organisations qui ont envoyé des délégués font de gros sacrifices, et il entend que celles qui ne l'ont pas fait et se sont contentées de mandater un camarade de Paris ne doivent pas avoir les mêmes avantages.

Perret fait observer que ce qui motive cette proposition, c'est la crainte que les membres du Comité fédéral ne soient en majorité au Congrès, et trouve regrettable ce sentiment de défiance. Il veut cependant rassurer le camarade Cousin en lui disant que le nombre des membres du Comité fédéral mandatés pour le Congrès n'est que de quatre. Ce sont les collègues Guillet, Blanquart, Schlosser et Ruggiery, qui disposent chacun d'une voix. Perret demande au camarade Cousin s'il croit que le Congrès a pour but de s'occuper des intérêts de la corporation ou s'il ne s'est réuni que pour permettre aux délégués de se disputer sur des questions personnelles. La proposition du Havre ne peut être acceptée. On a officiellement fait savoir aux syndicats qu'ils étaient autorisés à mandater un collègue de Paris, il est impossible d'annuler cette autorisation le jour même de la réunion du Congrès.

Prévost (Paris) dit que l'autonomie des syndicats doit être entière et que le choix de leurs délégués au Congrès ne regarde qu'eux. En conséquence, on n'a pas le droit de priver de sa voix délibérative le délégué d'un syndicat.

Le Congrès repousse la deuxième proposition Cousin et passe à l'ordre du jour.

L'ensemble de la vérification des mandats donne le résultat suivant :

Bailly, délégué d'Angers, une voix ;

Bonneville et Belain, délégués de Bordeaux, deux voix;

Blanquart, délégué de Caen, une voix ;

Bacqueville et Darcq, délégués de Lille, deux voix;

Castelain et Lenoir, délégués de Rouen, deux voix;

Guillet, délégué de Grenoble, une voix ;

Dumont et Tigel, délégué d'Orléans, une voix ;

Gouly, délégué de Nantes, une voix ;
Cousin et Wild, délégués du Havre, deux voix ;
André et Rey, délégués de Lyon et Toulouse, quatre voix ;
Maurel et Grégoire, délégués de Marseille, trois voix ;
Legaud, délégué de Nîmes, une voix ;
Jude, délégué de Tours, une voix ;
Ruggiery, délégué de Lorient, une voix ;
Tisné, délégué de Pau, une voix ;
Schlosser, délégué de Brest, une voix ;

Marx,
Million,
Prévost, } délégués de Paris, cinq voix.
Poudroux
Strauss,

Le délégué de Genève n'aura voix délibérative qu'après l'admission définitive sur laquelle doit se prononcer le Congrès.

Nomination du bureau.

Prévost (Paris) et **Ruggiery** (Lorient) demande que le bureau soit constitué au début de chaque séance.

André (Lyon) demande qu'on renouvelle seulement le président mais que les assesseurs soient permanents.

Le Congrès adopte la proposition Prévost et Ruggiery.

L'élection du bureau définitif de la première séance donne le résultat suivant :

Fleury, président ; *Ruggiery* et *Blanquart*, assesseurs.

Le président, après avoir remercié les camarades de la confiance qu'ils viennent de lui témoigner donne la parole au secrétaire de la Fédération.

Rapport sur la gestion du Comité Fédéral.

Camarades,

La réunion de ce troisième Congrès est en même temps le deuxième anniversaire de la fondation de la *Fédération des Artistes-Musiciens de France*. Nous croyons utile, au début de ce rapport, de rappeler brièvement le chemin parcouru depuis deux ans.

Les 10 et 11 mai 1902, sur l'initiative de la Chambre syndicale parisienne, 15 délégués des Syndicats se réunissaient dans cette même salle où nous nous trouvons aujourd'hui, et fondaient la Fédération. Ces 15 délégués représentaient sept syndicats, sur les onze qui avaient formellement adhéré au principe fédératif et qui acceptaient l'autorité de ce premier Congrès. Le nombre des musiciens fédérés, dès la fondation s'élevait à environ 1.800.

Un an plus tard, à Bordeaux, le nombre des délégués était de 25, et le total des fédérés était de 3.600.

Aujourd'hui, la *Fédération des Artistes-Musiciens* compte 4.200 adhérents, répartis dans 26 syndicats.

Ces chiffres affirment irréfutablement les progrès que l'action syndicale a fait dans notre corporation. Nous nous sommes décidés tardivement à suivre les exemples que nous donnaient nos collègues d'Angleterre, d'Allemagne et de Belgique, mais — rendons-nous justice — nous avons fait, pour rattraper le temps perdu, de louables efforts, et nous avons marché à pas de géants. La Fédération est définitivement constituée. A nous l'œuvre de consolidation et d'agrandissement,

D'après le dernier Congrès, huit syndicats nouveaux nous ont apporté leur adhésion. En voici la liste :

Syndicat de Brest, adhésion en mai 1993.
—	Lorient	—	août —
—	Tours	—	sept. —
—	Nîmes	--	déc. —
—	Caen	—	févr. 1904.
—	Pau	—	mars —
—	Montpellier	—	avril —
—	St-Etienne	—	avril —

Nous avons également reçu une demande d'admission d'un syndicat nouvellement créé à Genève. En raison du caractère exceptionnel que présente cette demande, puisque Genève se trouve en dehors des frontières politiques de la France, le Comité Fédéral, après avoir émis un avis favorable à l'admission, a décidé de présenter cet avis à votre ratification. Le Syndicat de Genève a été invité à envoyer un délégué pour soutenir sa demande devant le Congrès.

La plupart des syndicats nouveaux ont été créés à la suite d'un échange de correspondance avec le bureau fédéral, et après envoi de tous les renseignements nécessaires, statuts, journaux, brochures, faits aux militants de ces localités.

Nous avons le regret de mentionner la disparition du Syndicat de Béziers, qui s'est dissous en octobre 1903. Nous avons été officiellement informés de cette dissolution par lettre du président de ce syndicat, le 2 novembre 1903.

La création du *Comité Fédéral* a été décidée par une modification aux statuts qu'adopta le Congrès de Bordeaux. Cette modification était proposée par les quatre membres du bureau fédéral, qui, aux termes des premiers statuts fédératifs, avaient été chargés d'administrer la Fédération pendant sa première année d'existence. Voici les articles constitutifs adoptés par le Congrès de Bordeaux :

Art. 1er. — La Fédération des Artistes-Musiciens de France est administrée par un Comité fédéral siégeant à Paris.

Art. 2. — Le Comité fédéral est formé par les représentants des syndicats fédérés. Chacun de ces syndicats, quel que soit le nombre de ses membres, n'a droit qu'à un seul représentant au Comité fédéral.

Les articles suivants, dont l'un vient d'être modifié par referendum, règlent la marche intérieure et les attributions du Comité fédéral.

Les congressistes de Bordeaux avaient fixé au 1er juin 1903 l'entrée en fonctions du Comité fédéral, soit trois semaines environ après le Congrès.

Ce laps de temps était véritablement trop restreint pour permettre aux syndicats de désigner leurs délégués. Le départ pour les saisons d'été allait rendre encore plus difficile cette désignation. Bref, ce ne fut que le 28 juillet 1903 que les délégués, au nombre de 9, purent tenir leur première séance.

Plusieurs syndicats n'ont pas encore, à l'heure actuelle, mandaté de délégué, et ce, malgré l'invitation qui leur en fut faite.

Nous regrettons que ces syndicats ne veuillent pas user de leur droit d'avoir au Comité fédéral un représentant parlant en leur nom et apportant dans la marche de la Fédération leurs vues particulières et le souci de leurs intérêts propres. Nous agirons encore pour que les lacunes actuelles soient comblées et que tous les syndicats aient un délégué au Comité fédéral.

Voici la composition actuelle du Comité :

Délégué d'Angers, C.-L. Perret.
     Brest, Schlosser.
     Caen, Blanquart.
     Grenoble, H. Guillet.
     Le Havre, H. Leriche.
     Lille, Delevoie.
     Lorient, Ruggiery.
     Lyon, A. Seitz.
     Marseille, J. Schwab.
     Nantes, R.-F. Prévost.
     Nice, G. Barrère.
     Nîmes, F. Casadessus.
     Orléans, Robillard.
     Paris, A. Galland.
     Pau, E. Deméo,
     Rouen, L. Fleury.
     Tours, Poudroux.

Les délégués de Bordeaux et de Toulouse ayant démissionné récemment, ces deux villes ne se trouvent pas représentées.

Cette, Alger, Nancy, Montpellier et Saint-Étienne n'ont jamais désigné de délégué. Quant à Marseille, nous nous trouvons en présence d'une situation anormale. Il n'y a qu'un délégué, alors que cette ville compte deux syndicats. Nous avons toujours vécu dans l'attente d'une fusion prochaine qui rendrait inutile la désignation d'un second délégué. Les événements nous prouvent que nous avions raison de nous en remettre au temps pour arranger certaines difficultés, car ce matin même, nous recevons une lettre du camarade Gouirand, président du *Syndicat du Grand Théâtre* de Marseille, qui nous annonce que dans une récente assemblée générale, tenue le 3 mai, son Syndicat vient de décider la fusion avec la *Chambre syndicale*. (Applaudissements.)

« ... Je sais, ajoute le camarade Gouirand, combien cette solution vous fera plaisir, ainsi qu'au bureau de Paris et à tous les camarades de France, c'est pourquoi je vous prie de la communiquer en séance de congrès avec mon salut fraternel. » (Nouveaux applaudissements.)

Le rôle du Comité fédéral était en partie tracé par les décisions du Congrès de Bordeaux. Si, d'une part, il avait à assurer le fonctionnement administratif de la fédération et à pourvoir aux événements journaliers de notre vie syndicale, il devait, d'autre part, poursuivre par les moyens dont il dispose, l'application des décisions d'ordre générale prises au Congrès.

C'est cette seconde partie de sa tâche que nous voulons d'abord examiner.

Saisons d'Été.

La décision du Congrès concernant les saisons d'été ont été publiées en totalité par le *Courrier de l'Orchestre* du 1er juin 1903, avec quelques commentaires sur les discussions qui les ont précédés. Le numéro du 1er décembre les publia à nouveau. Le Congrès dernier, après avoir soigneusement étudié cette question et après s'être mis d'accord sur les résolutions finales, s'est montré particulièrement réservé quand il lui fallut envisager les moyens d'applications.

Aucune méthode précise ne fut arrêtée. On décida simplement d'adresser aux directeurs et chefs d'orchestre de ville d'eaux une lettre-circulaire leur notifiant les nouvelles conditions et leur demandant de l'appliquer pour la saison 1904.

Cet envoi de circulaires ne pouvait être fait que d'après les renseignements précis que nous allions demander aux adhérents engagés en saison d'été.

Ces renseignements portaient sur les points suivants : noms et adresses des directeurs et chefs d'orchestres, statistique des orchestres, appointements, conditions de travail, mode de paiement.

Le *Courrier de l'Orchestre* du 1er août 1903 publia une note sollicitant ces renseignements ; le numéro du 1er septembre la renouvela. Or, quel fut le résultat de cette consultation ? Bien loin de ce que nous espérions ! C'est à peine si trente statistiques nous furent envoyés.

Dans ces conditions, l'envoi de la circulaire qui devait, dans notre pensée, être un mouvement général, n'était plus possible.

Nous ne voulions pas adresser des demandes à des établissements sur lesquels nous ne possédions aucun renseignement; c'eût été courir le risque de nous tromper gravement, au détriment des intérêts des musiciens de ces établissements.

Nous insisterons encore sur l'absolue nécessité d'avoir en plus grand nombre possible ces statistiques. C'est seulement lorsque nous serons munis de ces renseignements que nous pourrons entreprendre une action efficace.

Notre Congrès doit examiner à nouveau la question des saisons d'été et à ce propos le Comité fédéral, se conformant à un vœu émis à Bordeaux, a élaboré un projet d'engagement type qui sera soumis à votre approbation.

Question militaire.

Vous n'ignorez pas que dans plusieurs villes, la participation fréquente des musiques militaires aux cérémonies civiles, ainsi que la tolérance dont jouissent les musiciens soldats de jouer dans les établissements publics, font, aux musiciens professionnels, une concurrence dont les syndicats se préoccupent à juste titre. Le Congrès de Bordeaux nous donna mission de combattre cette concurrence.

A cet effet, une lettre fut adressée au ministre de la guerre. La réponse à cette lettre fut publiée par le *Courrier* du 1er septembre 1903

Les promesses ministérielles n'ont pas été absolument illusoires, car nous avons appris que des ordres avaient été donnés pour retirer à certains établissements le concours de musiques régimentaires qui jusque-là leur était accordé d'une façon continue.

Une requête du même ordre fut adressée au ministre de la marine en août 1903, sur la demande du syndicat de Brest, au sujet de la faculté accordée aux musiciens de la flotte de jouer en ville. Cette requête étant restée sans réponse, elle fut renouvelée le 6 janvier 1904

Nous avons le regret de constater que l'administration de la marine, moins expéditive que celle de la guerre, en est encore à nous faire connaître son avis sur cette question.

Nous conseillons néanmoins à nos camarades de Brest de persévérer dans leur réclamation; nous leur avons indiqué une marche à suivre qui, selon nous, devra leur donner satisfaction. Elle consiste à se pourvoir devant les tribunaux administratifs contre les abus que commet la municipalité brestoise en accordant de trop nombreuses autorisations à l'élément militaire, pendant que les professionnels sont sans travail.

Nous devons signaler au si, dans notre action contre les musiques militaires, la série d'articles que notre camarade Fleury

a consacré à cette question. Ces articles que vous avez pu apprécier comme ils le méritent, ont contribué à montrer à nos camarades l'importance de cette concurrence et nous ont fait obtenir quantités de renseignements intéressants qui nous permet-
tront de continuer notre campagne avec ténacité.

Législation ouvrière.

Les derniers mois de l'année 1903 ont été marqués par une re-
vendication générale de plusieurs corporations victimes du *placement*. Nous qui voyons de près le danger des agences dramatiques et lyriques, ne pouvions rester étrangers à ce mouvement.
Avec le concours des autres syndicats d'artistes, nous avons
organisé plusieurs réunions publiques, auxquelles prirent part un
nombre considérable d'artistes parisiens. Le rôle des agences,
exposé dans toute son immoralité, fut unanimement flétri au
cours de ces diverses réunions. Les ordres du jour adopté ont été
communiqués aux Chambres, et à deux reprises une délégation
d'artistes se rendit devant la commission sénatoriale pour lui
exposer la nécessité de supprimer les agences, comme on allait le
faire des bureaux de placement des autres corporations. Vous
connaissez le piteux résultat de ces démarches.

Après avoir entendu la commission sénatoriale flétrir, en termes parfois plus énergiques que les nôtres, la corruption des
agences lyriques et dramatiques, nous avions quelque raison
d'être surpris en voyant cette même commission conclure au
rejet du paragraphe qui pouvait nous donner satisfaction.

Nos demandes concernant la juridiction prudhomale n'ont pas
obtenu plus de succès.

En sera-t-il de même des autres lois ouvrières qui bientôt
viendront en discussion devant le parlement, notamment de
la loi sur les retraites ouvrières, depuis si longtemps promise aux
travailleurs ? Unis aux autres corporations du théâtre, nous con-
tinuerons à réclamer énergiquement notre rentrée dans le droit
commun, c'est-à-dire l'application de toutes les lois ouvrières
aux artistes du théâtre. Si nous courrons à de nouveaux échecs,
nous en retirerons néanmoins un résultat, nous serons convaincus de l'inefficacité de l'action des syndicats auprès du Parlement, et nous mettrons tous nos efforts à régler nos affaires par
la seule puissance de notre organisation corporative.

Rapports internationaux.

Nos relations avec les fédérations étrangères, notamment avec
l'Angleterre, la Belgique et l'Italie, sont devenus de plus en plus
fréquents ; et si les décisions de Bordeaux sur l'accord international n'ont pas été entièrement mis en vigueur, la faute en
est du moins en ce qui concerne la France, aux syndicats eux-

mêmes, qui, pour la plupart, à l'heure actuelle, ne se sont pas encore conformés à ce que ces décisions exigeaient d'eux. Un des points principaux de cette entente était la communication réciproque des tarifs syndicaux, avec l'obligation de respecter ces tarifs en pays étrangers, comme on doit le faire dans sa propre fédération. Très peu de syndicats français se sont livrés à ce travail, cependant facile, qui consiste à déterminer le chiffre d'appointements que l'on doit exiger dans les divers établissements de la localité, pour ne pas faire aux syndiqués une concurrence déloyale. A mesure que ces barèmes nous parviendrons dans l'avenir, nous les insèrerons dans le *Courrier de l'Orchestre* et nous les communiquerons aux fédérations étrangères ainsi qu'il en a été décidé.

Les conflits assez nombreux qui surgirent depuis un an dans les villes fédérées ont été signalés par les organes officiels des fédérations belges et italiennes, qui notifièrent en même temps à leurs membres d'avoir à refuser toutes propositions émanant des établissements intéressés au conflit. A ce propos, nous rappellerons, pour édifier ceux qui redoutent cette entente internationale, l'échange de correspondance qui eût lieu entre le président de la fédération belge, M. de Reese, et le directeur-agent D'Albert.

C'était au moment de la grève de Marseille :

D'Albert, après de nombreuses demandes auprès des agents de Paris, Lyon et Bruxelles, n'ayant pu trouver des musiciens pour remplacer les grévistes, cru très habile de s'adresser directement au siège de la Fédération belge. Il lui fut répondu par un refus catégorique, l'avertissant que les deux fédérations étaient unies par de cordiales relations et qu'il devait abandonner tout espoir de remplacer les musiciens Marseillais par des collègues de Belgique. D'Albert renouvela sa demande quelques jours plus tard en spécifiant cette fois, que ses offres n'avaient pas pour but de remplacer des artistes, du moins immédiatement ; il demandait, le bon apôtre, un orchestre *pour la prochaine saison* 1904 1905.

La manœuvre était trop visible. Nos camarades de Bruxelles comprirent qu'elle n'avait d'autre but que de détruire le syndicat de Marseille, coupable d'avoir infligé aux directeurs une défaite incontestable.

Cette seconde demande obtint la même réponse que la première. Cet incident a été commenté en son temps, dans le *Courrier*, et les lettres échangées ont été publiées. Il n'était toutefois pas inutile d'y insister à nouveau ; on ne répandra jamais trop parmi nos collègues qu'ils n'ont plus à s'effrayer, spectre de la *concurrence étrangère*, qui contribua si longtemps à paralyser leurs désirs de revendications.

Nous terminerons ce chapitre en disant que nous sommes entrés en relations avec deux autres organisations étrangères, l'Union Musical de Barcelone, de création récente, et la Fédération allemande une des plus puissantes, par le nombre de ses adhérents et l'intelligence de son fonctionnement administratif.

Courrier de l'Orchestre.

Nous aurons peu de choses à dire sur le *Courrier de l'orchestre*, qui se publie depuis un an, sous la responsabilité du C. F. Vous avez pu apprécier le rôle important, indispensable, que joue notre organe corporatif, pour la propagande comme pour les renseignements professionnels. Nous n'insisterons pas beaucoup pour vous faire comprendre que c'est là la tâche la plus ardue, la plus délicate qu'incombe au C. F. Nous reparlerons du journal au cours de nos prochaines séances et pourrons examiner à loisir les modifications que vous jugerez à propos d'y apporter, soit dans sa forme actuelle, soit dans son esprit général.

Nous ne nous étendrons pas non plus sur un incident de minime importance suscité par un article du *Courrier*. Une quinzaine de musiciens, dont les noms et la personnalité nous étaient d'ailleurs totalement inconnues jusque là, ont cru se reconnaître dans un portrait alertement tracé par la plume de notre collaborateur *Le Grincheux*, dans les numéros d'août 1903.

Ces musiciens, obéissant a je ne sais quelles suggestions, réclamaient au *Courrier de l'Orchestre*, la bagatelle de quelques milliers de francs, et conduisirent son gérant en police correctionnelle. Vous connaissez le résultat. Les juges se refusèrent à leur accorder la plus petite satisfaction et après une brillante plaidoirie de notre avocat et ami *J.-Paul Boncour*, acquittaient notre journal en la personne du gérant, après avoir préalablement mis hors de cause la *Fédération*, qui, d'après la loi de 1884 n'ayant pas de personnalité civile, ne peut *poursuivre ni être poursuivie* en justice.

Nous en aurons terminé avec le rapport sur la gestion du C. F., lorsque nous aurons signalé la copieuse besogne administrative à laquelle il a dû pourvoir. Correspondance fréquente avec les syndicats et les fédérations étrangères, avec des personnalités diverses ; notifications des conflits, rédaction et administration du journal, comptabilité fédérale, etc., vous pouvez vous rendre compte de ce labeur en consultant nos copies de lettres, registre des procès-verbaux et livres de comptabilité.

Je rappelle pour mémoire une cérémonie d'un caractère purement artistique qui fut organisée entièrement par la Fédération et qui obtint le plus légitime succès. Ce fut la célébration du centenaire d'Hector Berlioz, le 13 décembre 1903. Nous avions fait appel à cette occasion, au concours de toutes les personnalités artistiques de Paris. La plupart ont répondu à notre invitation. Vous voudrez bien vous reporter au *Courrier de l'Orchestre* de janvier 1904, qui rend compte de cette cérémonie et publie l'admirable allocution prononcée à cette occasion par notre vénéré président d'honneur *Alfred Bruneau*.

Les Conflits professionnels

L'activité des syndicats a été marquée, au cours de cette
année, par de nombreux conflits, tous motivés par des demandes
d'augmentation d'appointements. Quelques-uns de ces conflits
ont pris un caractère aigu. En pleine saison, nos collègues de
Lyon et Marseille n'ont pas hésité, pour obtenir satisfaction, à
recourir au moyen extrême de la grève. Ils n'ont eu qu'à s'en
louer, puisque leur situation a été sensiblement améliorée.
Rouen, Le Havre, Lorient eurent également à lutter, et
obtinrent d'appréciables résultats ; Toulouse fut moins heureux
et ne put avoir raison de la résistance du directeur des Variétés ;
mais il faut ajouter que ce dernier ne put, de son côté, former
d'autres orchestres pour remplacer ses grévistes.

Chacun de ces conflits a été signalé aux syndicats français,
ainsi qu'aux fédérations étrangères, et l'on peut dire que c'est
grâce à l'appui moral que la Fédération apporte aux syndicats
que ceux-ci sont allés aussi loin dans la lutte et sont parvenus à
triompher. Il y a quelques années, la crainte d'être supplantés
par des orchestres engagés à Paris aurait fait hésiter les musiciens les plus résolus. Aujourd'hui cette crainte a disparu et les
évènements de cet hiver l'enterrent à tout jamais. Nous avons
acquis la certitude qu'en pleine saison théâtrale, il est impossible à un directeur de former un orchestre sérieux si la Fédération lui oppose son *celo*.

Cette constatation est pour nous grosse d'enseignements ; elle
nous trace une ligne de conduite pour les revendications futures
et nous montre que nous ne sommes jamais aussi forts qu'au
moment où notre concours est devenu indispensable, c'est-à-dire
en pleine saison théâtrale.

Les syndicats ont profité de ces premières escarmouches pour
prendre conscience de leur puissance morale sur leurs adhérents.
Ils s'efforceront toujours de combattre par les voies pacifiques, la
libre discussion, la conciliation ; mais lorsque leur bonne volonté
se heurtera à d'implacables résistances directoriales, quand à
leur désir d'entente loyale on opposera la mauvaise foi, ils sau-
ront alors jusqu'où ils peuvent aller.

Le Comité Fédéral est intervenu directement dans la plupart
de ces conflits et adressa aux camarades d'utiles renseignements
d'ordre juridique ou professionnel ; à Marseille, à Toulouse, il
envoya un délégué pour collaborer à la direction du mouvement.

De ces expériences, presque toutes heureuses, nous avons
retiré la nécessité de réglementer soigneusement la marche des
conflits et nous avons inséré cette réglementation dans le projet
de statuts qui vous est soumis.

Si l'on considère, Camarades, l'heureuse effervescence qui s'est
produite cette année parmi les musiciens, il est facile de s'aper-
cevoir que le retentissement de notre dernier Congrès contribua
pour beaucoup à la faire naître. Le rôle d'un congrès est de
donner à la Fédération, en même temps qu'une saine constitu-

tion administrative, un fond d'idées communes, une doctrine générale, nécessaire à maintenir l'unité dans un groupement qui rassemble forcément des intérêts particuliers divers ; il trace un programme de réformes, il indique le but et étudie les moyens pour l'atteindre. Pour la réalisation de l'idéal par lui fixé, il s'en remet au temps, à l'évolution qui s'accomplit lentement mais sûrement dans l'esprit des musiciens ; il fait confiance aussi à l'intelligente direction de chaque section locale et à l'initiative du Comité Fédéral. Nous disons, Camarades, que le Congrès de Bordeaux a eu la plus heureuse influence sur la marche de la Fédération ; nous osons affirmer que la plus grande bonne volonté a été apportée pour suivre la voie qu'il nous avait tracée. Nous sommes convaincus que notre Congrès de 1904 sera aussi fécond en résultats et que la Corporation des Artistes-Musiciens continuera sa marche vers toujours plus de bien-être et de liberté. (*Applaudissements*).

Le président ouvre la discussion sur le rapport présenté par le secrétaire.

Cousin (Le Havre) demande pourquoi le rapport du secrétaire ne mentionne pas la démission du président et la modification du bureau.

Perret (secrétaire fédéral) répond qu'en présence de l'importance donnée à ces incidents au début de la séance, par le délégué du Havre, il est d'avis de les examiner dans une discussion spéciale, et demande que cette discussion ait lieu cet après-midi.

Bonneville (Bordeaux) se plaint que certaines revendications des musiciens de Bordeaux n'aient pas été insérées dans le *Courrier de l'Orchestre*.

Cousin fait une observation identique pour le Havre. A la suite, d'un mouvement syndical les musiciens du Havre ont obtenus des avantages qui ont été signalés au secrétaire de la Fédération. Pourquoi ce succès n'a-t-il pas été enregistré par le *Courrier* ?

Cousin lit deux lettres du secrétaire promettant cette insertion.

Perret (secrétaire fédéral), répond en donnant lecture de la lettre par laquelle le secrétaire du Havre demandait l'insertion de ces succès.

« Je vous serais obligé de vouloir bien au prochain numéro remercier MM. X,.., directeurs de ce qu'ils ont bien voulu faire pour leurs musiciens *en ajoutant surtout* que c'est de leur propre mouvement et sans qu'il soit besoin de les menacer des foudres du syndicat. Cela leur fera plaisir et ils seront sans doute flattés de voir que nous avons souci de leur épargner les blessures d'amour-propre toujours si cruelles et qui se pardonnent si difficilement. (*Rires et protestations*)... Le mieux est donc au lieu de les indisposer contre nous de leur prouver notre reconnaissance et de nous gagner leurs sympathies par tous les moyens. (*Nouveaux rires*)... »

Toute la lettre est conçue dans cet esprit, dit le secrétaire. En présence de cette attitude aussi peu syndicaliste que possible, le Comité Fédéral a jugé que l'insertion du conflit du Havre ne s'imposait pas. Nous n'avons pas à « prouver notre reconnaissance » aux directeurs qui nous accordent ce que nous croyons juste de leur réclamer. Le *Courrier de l'Orchestre* n'est pas créé pour chanter les louanges des directeurs : ils ont suffisamment de journaux pour cette besogne. (*Vifs applaudissements.*)

Cousin dit qu'on n'a pas hésité à insérer une note de Nantes flatteuse pour le directeur de cette dernière ville.

Gouly (Nantes), proteste contre cette comparaison. Il n'y a jamais eu le moindre conflit entre le directeur en question et son orchestre, et les quelques mots de politesse qui ont signalé son départ ne sont pas comparables aux termes de la lettre qui vient d'être lue.

Cousin, dit que si les termes de sa lettre ne convenaient pas au Comité Fédéral, on devait le lui faire savoir et lui demander une autre lettre.

Il demande un blâme au Comité Fédéral pour refus d'insertion.

La proposition du Havre est repoussée.

Le rapport du secrétaire est adopté.

Rapport du trésorier.

Camarades,

La situation effective de la Fédération ne s'étant pas modifiée depuis le commencement du trimestre, je vais vous donner connaissance du bilan établi à cette date, c'est-à-dire au 1er avril 1904 :

Espèces en caisse	276	80
Mobilier	40	»
Les syndicats devaient à la Fédération, tant pour les cotisations fédérales que pour les abonnements collectifs au *Courrier de l'Orchestre*	2.487	25
Enfin, les maisons de commerce qui font de la publicité dans le *Courrier de l'Orchestre* devaient pour leur trimestre la somme de	261	10
Le total de l'actif de la Fédération se soldait donc par	3.165	15

A notre passif, une seule dette figure, mais elle
est importante ; c'est le solde de notre compte
chez MM. Cerf et C⁰, imprimeurs du *Courrier
de l'Orchestre*, soit...................... 2.391 75
Notre compte de réserve, autrement dit la somme
nette qui nous resterait si l'actif et le passif
étaient liquidés, s'élèverait donc à............ 770 40
                                                  ——————
                                                  3.165 15

Depuis le 1ᵉʳ avril, un certain nombre de syndicats ayant
acquitté leur dette, la somme globale portée à l'actif au compte
des syndicats se trouve diminuée et vient aujourd'hui grossir le
montant des espèces en caisse, mais le total du bilan reste le
même.

Ainsi que vous avez dû le voir en parcourant le projet de
nouveaux statuts qui vous a été distribué, le Conseil Fédéral,
désireux de rendre plus efficace le lien qui resserre tous les
fédérés, a créé de nouveaux services que nous trouvons fonction-
nant admirablement dans les fédérations des autres métiers.

Ces nouveaux services — secours de voyage, de grève, délégation pour la propagande ou en cas de conflit — ajoutés aux frais
toujours croissants de notre administration, ont amené le Conseil
Fédéral à déterminer quel devait être le budget de la Fédération
et sur quelles ressources il devait compter pour équilibrer ce
budget.

Tout à l'heure, lorsque la discussion viendra sur ce sujet, on
vous dira que le Conseil Fédéral a déjà, dans un but d'économie
et pour répondre aux objections nombreuses, décidé de réduire
la dépense occasionnée par le *Courrier de l'Orchestre* ; mais
cette économie sera insuffisante pour maintenir l'équilibre. Le
Conseil Fédéral est donc obligé, dans l'intérêt même des musiciens fédérés, et afin de pouvoir les aider dans tous les accidents
inhérents à leur profession, de leur demander aujourd'hui une
part contributive un peu plus élevée.

Bonneville demande le détail des sommes payées pour la
publicité du *Courrier de l'Orchestre*.

Leriche (trésorier fédéral), fait connaître ce détail.

Bonneville fait une remarque au sujet d'un traité de publicité qui n'a pas été observé par le client et qui n'est plus
exécuté.

Leriche, puis **Million** et **Prévost** (Paris), donnent des
explications sur ce traité et expliquent que la forme dans
laquelle il a été conclu, lorsque le *Courrier de l'Orchestre*
était administré par la Chambre syndicale de Paris, nous empêche d'en poursuivre judiciairement l'application.

Le rapport du trésorier est adopté à l'unanimité.

Admission du Syndicat de Genève.

Perret fait connaître les relations qui se sont établies entre les musiciens de Genève et la Fédération. Dès que le Syndicat de Genève a été officiellement constitué, il a demandé son adhésion à la Fédération française.

Le Comité Fédéral se trouvait en présence d'un cas nouveau.

Il n'existe pas, en Suisse, de fédération nationale de musiciens. Plusieurs villes de la Suisse allemande possèdent des syndicats, qui ne sont en réalité que des sections de la Fédération allemande, dont le siège est à Berlin. Le Syndicat de Genève, qui compte parmi ses membres beaucoup de Français, a pensé que ses affinités et ses intérêts professionnels le portaient vers la Fédération française. Il ne veut pas rester une unité isolée et pense que son rattachement à notre Fédération lui donnera une plus grande force.

Le Comité Fédéral n'a pris qu'une décision provisoire, il a émis un avis favorable à l'admission de Genève et a renvoyé l'examen de cette admission devant le Congrès.

Castelain (Rouen) présente une observation d'ordre général. Il craint qu'on admette trop facilement les nouveaux syndicats sans s'inquiéter de leur vitalité.

Cousin dit qu'on aurait dû faire connaître la demande de Genève aux Syndicats de province, qui se seraient prononcés. Quel titre devra prendre notre association si nous acceptons une association étrangère ?

Cousin craint que la loi française ne s'oppose à cette admission.

Guinand (délégué de Genève) démontre qu'aucun obstacle de cet ordre ne peut s'opposer à l'admission du Syndicat de Genève. Les législateurs ont prévu les groupements syndicaux et régi leur composition. Mais ils n'ont pas prévu les fédérations. Le seul fait qu'une fédération n'a pas de personnalité civile la met à l'abri de la loi.

Le Syndicat de Genève, dès sa formation, a senti son isolement, il comprit qu'il ne pouvait seul et sans appui s'engager avantageusement dans la lutte. Et où chercher cet appui sinon dans le pays parlant la même langue, ayant les mêmes sentiments, les mêmes idées, le même désir d'émancipation sociale. Nos intérêts professionnels sont les mêmes, notre Syndicat comprend beaucoup de Français. Les idées qui président à la marche de la Fédération française, nous

2

les partageons, et c'est pourquoi nous avons tourné les yeux vers vous.

Combien fut grand l'enthousiasme des membres du Syndicat de Genève, lorsqu'ils apprirent que le Comité Fédéral avait émis un avis favorable à leur admission. Ils ont attendu avec impatience l'ouverture du Congrès de 1904, et leur enthousiasme sera plus grand encore, lorsqu'ils apprendront leur admission définitive. (Applaudissements.)

Bonneville (Bordeaux) appuie fortement l'admission de Genève.

L'admission du Syndicat de Genève est acceptée à l'unanimité moins deux voix. (Les deux voix contre sont celles du Syndicat du Havre.)

La séance est levée à midi.

DEUXIÈME SÉANCE

9 mai, 2 h. 1/2 après midi.

Bureau: Fleury (Rouen) *président.* — Ruggiery (Lorient) et Blanquart (Caen) *assesseurs.*

Le Président remercie les délégués de la nouvelle marque de confiance qu'ils viennent de lui donner. Il les engage à oublier toutes les questions de personnalités et à ne considérer que l'intérêt général dans les discussions qui vont suivre. Le président termine en disant que la courtoisie doit être la règle parmi nous.

L'ordre du jour appelle la discussion sur le différend entre le Comité Fédéral et le syndicat de Bordeaux.

La parole est au camarade **Bonneville**, délégué de Bordeaux.

Bonneville. Camarades, la question de Bordeaux touche à la vitalité des syndicats de notre fédération. Pour que nos syndicats puissent vivre, il faut qu'ils soient soutenus par le Comité Fédéral.

En 1902, le syndicat de Bordeaux a eu un conflit avec la **Société Sainte-Cécile**, société de concerts populaires où les appointements des musiciens ne sont pas très élevés. Avec notre camarade Lespine qui était alors président du syndicat nous avons fait tous nos efforts pour améliorer la situation des musiciens, non seulement vis-à-vis de la Société Sainte-Cécile, mais encore pour tous les concerts et théâtres de Bordeaux. Nous avons obtenu de bons résultats, car lorsqu'il y a de la solidarité dans une Chambre syndicale on peut obtenir tout ce que l'on veut. Les collègues de l'orchestre Sainte-Cécile représentent la fine fleur de la corporation musicale de Bordeaux. Ce sont ceux-là même qui devraient avoir le plus à cœur la défense des intérêts de toute la corporation, surtout des petits, de ceux qui gagnent le moins et ne peuvent guère se défendre tout seuls. Nous avons fait tout notre possible pour faire comprendre cela à nos collègues et nous n'avons pu réussir, ainsi que vous allez le voir.

Nous avions réussi à arracher certains avantages du Conseil d'administration de Sainte-Cécile. Ces avantages consistaient en un minimum de salaire et une réduction de durée des répétitions. Ces nouvelles conditions avaient été bien acceptées par la dite Société. mais quand les concerts furent terminés, quand tous les musiciens de Bordeaux furent partis en saisons d'été, le Conseil d'administration de Sainte-Cécile envoya à ses musiciens des cartes-lettres constituant des engagements contraires aux conditions précédemment acceptées. Ces engagements disaient en substance que les musiciens devraient faire huit concerts au prix déterminé ; quant à la durée des répétitions, la Société se réservait de faire ce que bon lui semblait.

Un de nos camarades nous ayant fait parvenir une de ces cartes-lettres, nous avons fait immédiatement une assemblée générale de tout les musiciens de Bordeaux. C'était au commencement de juin. Dans cette assemblée une ligne de conduite fut adoptée ; personne ne devait répondre à la carte-lettre de Sainte-Cécile sans l'autorisation du syndicat. Cette décision fut communiquée à tous les syndiqués et malgré cela quelques-uns répondirent directement à Sainte-Cécile. D'autres retardèrent leur réponse. Enfin quelques collègues nous firent savoir qu'ils n'avaient pas reçu la carte-lettre, c'est-à-dire qu'on ne leur offrait pas de les réengager pour la saison prochaine, parce qu'ils étaient membres militants de la Chambre syndicale. Voilà comment naquit le conflit entre le syndicat et la Société de Sainte-Cécile. La première réunion qui suivi, fut tenue le 30 septembre.

Un échange de lettre nous montra que le Conseil d'administration de Sainte-Cécile n'était pas disposé à accorder satisfaction au syndicat. C'est alors que le 18 octobre 1903, nous écrivions au Comité Fédéral la lettre suivante :

Bordeaux, le 18 octobre 1903

Mon cher Président,

Dans sa séance du 18 courant, 22 membres de l'orchestre Sainte-Cécile, sur 75 à 80 composant ledit orchestre, se sont réunis à la Bourse du travail pour discuter les moyens de faire réintégrer quatre de nos camarades, anciens ou nouveaux membres du bureau du syndicat ; ils m'ont priés de vous demander si vous aviez la possibilité de venir à Bordeaux pour plaider cette réintégration auprès des membres du Comité de la dite Société.

Le conflit date déjà du mois de juin ; le but poursuivi par le Comité et le directeur du Conservatoire, M. Pennequin est l'anéantissement du syndicat en frappant d'abord sur ceux qui se trouvent à sa tête tels que Garel, Noguès, Mourille, notre président actuel et Iralde, etc. en attendant que ce soit le tour des autres.

(Ici l'historique du conflit.)

... La réunion du 18 courant n'était composée que du bureau, 8 membres, et 22 membres de l'orchestre Sainte-Cécile. Ce n'était donc pas une assemblée générale, de sorte que je ne sais si la demande que je vous adresse au nom de ces membres peut-être considérée comme réellement valable. (Suivent quelques renseignements sur la situation morale et budgétaire du syndicat de Bordeaux).

...Ce que nous craignons surtout, c'est le manque de solidarité entre nos syndiqués.

J'ai essayé de faire voter la grève en principe avant toute démarche et sur 22 militants, la majorité s'est prononcée contre la grève.

Il nous est difficile à nous, membres du bureau, de réchauffer l'ardeur de nos camarades. Ils n'ont d'espoir qu'en la venue d'un camarade étranger à notre ville qui pourrait réussir dans nos revendications et c'est pour cela qu'ils m'ont prié de demander à la Fédération le concours d'un de ses membres influents.

En conséquence, je vous serais très obligé, mon cher Président, de vouloir bien répondre à notre demande par le retour du courrier dans le cas où vous croiriez votre présence indispensable.

Nous provoquerions alors une assemblée générale pour la semaine prochaine, vendredi, par exemple, où nous prendrions les mesures nécessaires pour arriver au but que nous nous proposons.

Veuillez agréer, etc.

Pour le syndicat,

BONNEVILLE,
Secrétaire.

Le 22 octobre, nous recevions cette réponse :

21 octobre 1903.

Monsieur Bonneville,

52, rue Leberthon, Bordeaux.

Mon cher collègue,

En réponse à votre lettre du 18 courant, il me serait bien difficile de vous dire moi-même si ma présence à Bordeaux peut vous être de quelque utilité : vous et vos collègues connaissant seuls le conflit dans tous ses détails, et étant par le fait seuls juges en cette affaire.

Pour moi vous connaissez mes sentiments et vous savez que

je suis toujours disposé à vous être utile dans la mesure de mes moyens.

En ce qui concerne la dépense, vous savez que la caisse de la Fédération n'est malheureusement pas en état de la supporter.

Réfléchissez donc à votre situation et voyez le meilleur moyen d'en sortir et sitôt que vous aurez décidé quelque chose, veuillez m'en aviser.

Dans l'attente de votre réponse, veuillez agréer, cher collègue, etc.

Signé :
EUG LAPERRIÈRE.

P. S. — Dans le cas où vous décideriez l'urgence de ma présence et où vous verriez l'impossibilité de supporter toute la dépense, veuillez adresser une demande ferme à la Fédération qui en prendra une partie à sa charge.

De nouvelles démarches auprès de Sainte-Cécile se terminèrent par une fin de non-recevoir. C'est alors que nous avons eu une nouvelle réunion générale, où la décision fut prise qu'aucun musicien de Sainte-Cécile ne devrait monter à l'orchestre au premier concert. Cette décision fut communiquée à tous les intéressés. A cette réunion, il y avait 36 membres présents. Je vous ferai remarquer que chaque fois que nous avons eu une assemblée générale — et elles furent nombreuses — les musiciens de Sainte-Cécile et du Grand-Théâtre se sont abstenus d'y assister. Or, un syndicat n'est pas fait pour un théâtre seulement, mais pour une collectivité, pour tous les musiciens exerçant dans une même ville. Au Grand-Théâtre, il y a des collègues qui gagnent 85 frs. par mois, et qui jouent l'Opéra sept fois par semaine. Les camarades solistes qui ont plus de talent et plus de chances de faire aboutir leurs revendications personnelles, devraient songer qu'il y a derrière eux toute une pléiade de pauvres diables trop faibles pour se défendre.

Le Président. Camarade Bonneville, dans l'intérêt de la discussion, je vous demande de ne pas vous étendre sur des questions aussi générales et de revenir à la discussion ; il s'agit simplement du conflit entre Bordeaux et le Comité fédéral.

Bonneville. Nous arrivons au mois de décembre. Notre camarade Naureils, président, avait écrit au Comité Fédéral.

Bordeaux, 22 décembre 1903.

Cher collègue,

A la suite de difficultés survenues avec la Société Sainte-Cécile à Bordeaux, société subventionnée par l'Etat, le département et la ville, pour la réintégration de plusieurs de nos camarades dont le crime a été d'être délégué auprès de cette société afin de faire obtenir les avantages dont jouissent actuellement les musiciens de l'orchestre ; et, sur son refus, le Bureau s'est ému de cette situation, et faisant appel à la solidarité a demandé la réintégration tout en usant des moyens de conciliation, la Société Sainte-Cécile ayant répondu par une fin de non recevoir quatre assemblées générales ont été à cet effet convoquées pour savoir la conduite à tenir. Sans vouloir rentrer dans les détails, il fut voté à l'assemblée du 18 novembre dernier un ordre du jour par lequel les syndiqués faisant partie de l'orchestre de Sainte-Cécile devaient s'abstenir de se rendre à son appel soit pour les répétitions ou les concerts jusqu'à complète satisfaction, *sous peine d'exclusion.*

La suite est triste à narrer, car **tous** sans exception se sont rendus à l'appel qui leur était fait par la Société Sainte-Cécile.

Devant cette lâcheté, le Bureau respectueux de cet ordre du jour a rayé comme étant *exclus* tous ces faux frères, tous ces parias et apeurés, et vient vous demander de les clouer au pilori et, que leur nom soient mis à l'index dans le *Courrier de l'Orchestre* pour faire connaître aux camarades de France de quoi ils sont capables :

(Suivent 65 noms).

... A la suite de cette exclusion plusieurs ont manifesté l'intention de se faire inscrire à la Fédération. Le Bureau a l'espoir que c'est par un refus formel qu'il leur sera répondu.

Un autre syndicat est également en formation parmi les exclus, le Bureau également espère que toute adhésion à la Fédération leur sera refusée.

(La lettre se termine par des renseignements ayant trait à d'autres sujets.)

Agréez etc.

Signé :

NAUREILS.
Président de la Chambre syndicale.

Ainsi, camarades, vous voyez où nous en sommes à ce moment.

Des syndiqués de Bordeaux refusant de se conformer aux décisions prises par une assemblée générale et allant jouer aux concerts Sainte-Cécile.

Il fut répondu à la lettre du président Naureils datée du 22 décembre, le 8 janvier 1904, par la lettre suivante.

8 janvier 1904

Monsieur Bonneville,

52, rue Leberthon, Bordeaux,

Cher collègue,

La lettre que nous a écrite votre président en date du 22 décembre a quelque peu effrayé le Conseil Fédéral. Cette lettre nous fait part de la radiation d'environ soixante collègues appartenant à l'orchestre du Grand-Théâtre, et après avoir examiné les raisons que vous en donniez, soit par la lettre du camarade Naureils, soit au cours de votre récente visite, le Comité Fédéral m'a chargé de vous communiquer ses impressions.

Le Comité fédéral voudrait voir le syndicat de Bordeaux revenir sur cette première décision. Cette exclusion en masse, étant donnée la valeur professionnelle du groupe exclu, étant donné surtout que ce groupe appartient exclusivement à l'orchestre le plus important de Bordeaux, fait redouter une scission regrettable à tous les points de vue. On peut craindre que les exclus ne veuillent former entre eux un syndicat spécial au Grand-Théâtre.

Dans ce cas, la fédération se verrait dans l'alternative fâcheuse ou de violer ses statuts en acceptant ce nouveau syndicat, ou de tenir au ban de la corporation un groupe important d'artistes de valeur. Si la première solution était adoptée, nous verrions subsister côte à côte dans une même ville, deux organisations rivales, ennemies même, et il n'en résulterait certes rien de bon pour les musiciens bordelais, ni pour le syndicalisme en général.

Pour ces raisons nous voudrions voir cesser cette division. Nous voudrions qu'une assemblée de tous les musiciens de Bordeaux reconstituât le syndicat sur de nouvelles bases, avec un programme propre à satisfaire tout le monde.

Nous pensons que cette tactique d'exclusion, d'index, ne peut rien donner de profitable, qu'elle ne doit s'appliquer qu'avec la plus grande prudence. On ne convertit pas les gens en les menaçant de renvoi ou de procès, mais on fait leur éducation lentement, patiemment, sans secousse brusque. Cette politique syndicale du tout ou rien met l'existence de chaque syndicat à la merci du moindre mouvement qui ne réussit pas entièrement.

Nous ne voulons pas entrer dans l'examen détaillé des raisons qui vous ont fait exclure ces 60 collègues ; vous en êtes les seuls juges, cependant cette forte proportion de radiés par rapport au nombre total de vos adhérents, et — j'y insiste — leur condition professionnelle, nous font craindre que la mesure n'ait été un peu radicale.

Le C. F. n'a pas cru devoir faire figurer au *Courrier de l'Orchestre* les noms que vous nous avez fait parvenir, dans l'espérance que le conflit prendra fin prochainement et que tous les musiciens de Bordeaux marcheront encore sous la même bannière.

Par ordre du C. F. je fais parvenir une copie de cette lettre au groupe d'artistes du Grand-Théâtre.

Agréez...

Le Secrétaire de la Fédération,
Louis PERRET.

Ayant eu l'occasion de venir à Paris, notre Chambre syndicale m'avait prié de venir à la Bourse du travail, afin de voir les membres du C. F. et de leur exposer notre situation. Je devais demander au C. F. l'envoi d'un délégué à Bordeaux pour essayer d'arranger cette situation. Je communiquai dans le local spécial affecté à notre Fédération avec un représentant autorisé du C. F., le secrétaire fédéral. Je lui narrai tout ce qui s'était passé à Bordeaux jusqu'en décembre 1903. Non seulement j'ai communiqué ces renseignements au secrétaire de la fédération, mais encore à notre représentant au C. F. qui assistait à l'entretien. Or, après avoir donné tous ces renseignements, nous recevions le 8 janvier la lettre dont je vous ai donné lecture.

Et bien, camarades, étant donné ces circonstances, quels sont ceux qui ont tort. Ceux qui manquent aux décisions prises régulièrement doivent-ils être victorieux, où est ce le syndicat ? Il y avait à ce moment-là 199 syndiqués, dont 80 environ faisaient partie de Sainte-Cécile. En écrivant cette lettre du 8 janvier et en la faisant afficher au foyer du Grand-Théâtre — j'ignore par qui et je n'ai pu le savoir — le C. F. commettait l'acte le plus antisyndical qui se puisse imaginer.

La majorité d'un syndicat doit-elle toujours avoir raison, oui ou non ?

Nous, bureau du syndicat, nous nous sommes conformés strictement aux ordres donnés par nos commettants, et il doit en être de même, dans toute la Fédération. Car si nous devions prendre sur nous de faire quelque chose contraire à ce qui est décidé par nos assemblées générales nous serions des autoritaires, et cela nous ne le voulons pas.

Nous avons eu, il est vrai, quatre ou cinq assemblées générales, mais c'était à cause de l'absence et du mutisme de ceux qu'elles intéressaient principalement. Est-ce qu'un syndicat ne peut prendre des décisions lorsque sur 199 membres, il y en a encore 100 qui marchent avec lui.

« On ne convainc pas les gens en les menaçant de procès », dit la lettre. Il est vrai que nous avons eu un procès. Mais nous ne l'avons pas cherché. Nous n'avons agi que d'après les conseils de notre camarade Luigini, président de

Toulouse, et d'après l'avis des délégués au Congrès de Bordeaux.

Le Président. Camarade Bonneville, je vous demande encore d'être aussi bref que possible, car vous savez que notre ordre du jour est très chargé.

Bonneville. Je reprends la lettre du secrétaire fédéral.

« On ne convertit pas les gens en les menaçant de renvoi ou de procès, mais on fait leur éducation lentement, patiemment, sans secousse brusque. »

Je crois que nous avons suffisamment prouvé notre bonne volonté. Nous avons fait quatre assemblées générales et ce n'est qu'à la cinquième que nous avons pris une décision relative aux musiciens de Sainte-Cécile. Ces collègues n'avaient qu'à venir aux assemblées. Pour nous, nous défendions la cause syndicaliste. Si nous avions pu faire réintégrer les militants renvoyés de Sainte-Cécile nous aurions acquis une force nouvelle qui nous aurait permis de formuler d'autres revendications.

« Nous ne voulons pas entrer dans l'examen détaillé des raisons qui vous ont fait exclure ces 60 collègues, vous en êtes les seuls juges. »

Non, nous n'étions pas les seuls juges puisque cette lettre était affichée au Grand-Théâtre, le jour du premier concert de Sainte-Cécile. Je demande quel était le moyen terme à prendre? Fallait-il sans autorité, laisser agir chaque syndiqué comme bon lui semblait?

« Par ordre du Comité fédéral, j'ai fait parvenir copie de cette lettre au groupe d'artistes du Grand-Théâtre ». Camarades, je vous laisse juges de cette manière de procéder.

Le 10 janvier 1904, à la suite d'une Assemblée générale, j'ai adressé au Comité fédéral, en réponse à sa lettre, un procès-verbal que le blâmait d'avoir agi ainsi. En voici le texte :

La Chambre syndicale des Artistes-Musiciens de Bordeaux réunie en Assemblée générale le 10 janvier 1904, à la Bourse du travail, après avoir eu connaissance de la lettre du Comité fédéral sous la signature de Louis Perret, et par ordre : proteste contre le refus d'insertion de la note adressée par le président Naureils à la Fédération pour le *Courrier de l'Orchestre*; ladite note mettant à l'index les camarades syndiqués des concerts de Sainte-Cécile, qui ne se sont pas conformés aux décisions prises en Assemblée générale le 18 novembre dernier, bien que les explications de la note dont il s'agit fussent assez claires, et malgré celles données par le camarade Bonneville, lors de son voyage à Paris fait spécialement pour entretenir le Conseil fédéral de la situation de notre chambre syndicale.

La Chambre syndicale ne reconnaît aucun droit au Conseil fédéral de contrevenir aux décisions prises par les Assemblées générales syndicales attendu que les membres de ce Conseil ne sont que les mandataires des chambres syndicales desquelles ils ont à recevoir des instructions et à s'y conformer. Elle blâme énergiquement le Comité fédéral de la décision qu'il a prise de transmettre copie de la lettre adressée à la Chambre syndicale aux membres exclus de cette chambre pour le motif énoncé plus haut et demande des explications à son délégué Million sur son attitude en cette circonstance.

L'Assemblée générale décide, en outre, que l'historique de l'affaire des concerts Sainte-Cécile et une copie de la présente protestation avec les noms des radiés seront adressées à toutes les chambres syndicales fédérées avec une copie de la lettre du 8 courant.

Par ordre de l'Assemblée générale.

Le Secrétaire,

BONNEVILLE.

Le 13 janvier, le secrétaire du Comité fédéral nous accusait réception de notre procès-verbal et nous faisait savoir que la lettre qui l'accompagnait serait communiquée à la prochaine réunion du Comité fédéral.

Le 19 janvier, le camarade Million nous adressait sa démission de délégué de Bordeaux au Comité fédéral. Vous devez vous rappeler que le camarade Million, le camarade Perret et moi, nous étions réunis au siège de la fédération, lorsque je vins à Paris pour exposer la situation de notre syndicat.

Je n'irai pas plus loin. Cependant j'insisterai... (Bruit).

Belin (Bordeaux). J'appartiens au syndicat de Bordeaux. Je trouve inconvenant qu'on coupe la parole à un orateur et que l'on fasse des manifestations dans le sens de celle-ci. On ne doit pas chercher à étouffer le débat.

Darque (Lille). Si chaque délégué venait ici exposer les affaires intérieures de son syndicat, nous en aurions pour huit jours.

Rey (Lyon). Notre Congrès ne doit durer que trois jours, et l'ordre du jour est très chargé. Mon syndicat m'avait chargé de demander que toute discussion sur les incidents de Bordeaux soit écartée, et que l'on consacre notre temps aux questions générales.

Bonneville. Eh bien, camarades, je concluerai.

La question est ainsi posée : La Chambre Syndicale de

Bordeaux a-t-elle eu raison de demander la mise à l'index de 60 de ses membres qui ne s'étaient pas conformés à une décision prise en Assemblée générale, ou a-t-elle eu tort ?

D'autre part, le Comité fédéral a-t-il agi d'une façon syndicale en faisant afficher dans le foyer du Grand-Théâtre une lettre adressée par lui au syndicat de Bordeaux, lettre dans laquelle le bureau de notre syndicat était quelque peu pris à partie ?

Si vous reconnaissez, camarades, que la Chambre Syndicale de Bordeaux a bien agi, nous ne vous demanderons pas de félicitations, car c'est le devoir des militants de défendre leur organisation jusqu'aux dernières limites ; mais dans ce cas je vous demanderai un blâme contre le Comité fédéral qui s'est livré à une manœuvre anti-syndicale.

Je reviendrai tout à l'heure sur la décision prise par le syndicat de Paris, de refuser toute communication avec Bordeaux. Je vous ferai remarquer à ce sujet que depuis quelque temps nous ne recevions plus aucune communication du Comité fédéral, même pas la circulaire d'avril 1904, relative au Congrès.

Remarquons aussi que le Comité fédéral étant composé en partie des membres du Conseil syndical de Paris, la décision prise par ce Conseil syndical de cesser toutes relations avec Bordeaux, me semble être le résultat d'une entente entre les membres des deux conseils.

Le Président. La parole est au camarade Perret, secrétaire fédéral.

Perret. D'autres syndicats ont demandé que la question de Bordeaux soit examinée par le Congrès. Je demande aux délégués de ces syndicats de vouloir bien présenter leurs observations maintenant. Je répondrai en bloc sur tous les points.

Gouly (Nantes). En portant cette question à l'ordre du jour, notre syndicat n'a pas désiré apporter des observations particulières. Nous demandions simplement que la question soit soumise au Congrès. Nous pensons qu'il faut sortir de cette situation et que Bordeaux, pas plus que la Fédération, ne doivent rester dans l'attente sans avoir de solution.

Nous devons entendre les deux parties avant de juger et je crois que le camarade Perret peut répondre à Bordeaux tout de suite.

Cousin (Le Hâvre). Évidemment, il n'y a en cause que le Comité fédéral et Bordeaux.

Le Président. Paris avait également porté la question à l'ordre du jour ; je prie les délégués de Paris de s'expliquer.

Prévost (Paris). Paris n'avait pas l'intention de porter la question devant le Congrès. Mais Paris a été mis en cause par Bordeaux, dans une circulaire adressée aux syndicats, de sorte que Paris répondra aux reproches que lui adressera Bordeaux.

Bonneville (Bordeaux). Il me suffira de lire la lettre du 15 mars que la Chambre syndicale de Paris adressa à tous les syndicats :

Le Conseil Syndical de Paris, après avoir pris connaissance du manifeste adressé par le Secrétaire de la Chambre Syndicale de Bordeaux,

Après avoir prié, en l'absence du délégué de Paris au Comité fédéral le secrétaire de la Fédération de lui fournir les explications nécessaires et de lui donner lecture de la correspondance échangée,

Considérant que les faits rapportés dans ce manifeste sont en grande partie erronés,

Considérant qu'un manifeste de ce genre est de nature à amener la discorde dans la Fédération, voire même à la désorganiser,

Blâme énergiquement l'envoi de ce manifeste,

Approuve la conduite du délégué de Paris au Comité fédéral et le charge de déposer la proposition suivante dont il réclamera l'urgence :

« A dater de ce jour, le Comité fédéral cesse toutes relations avec le bureau de la Chambre syndicale de Bordeaux, solidaire des actes dangereux de son Secrétaire. »

J'ai l'honneur d'être le Secrétaire de la Chambre syndicale de Bordeaux. A vous de juger.

Prévost (Paris). Camarades, je ne veux pas rester silencieux après la lecture très exacte de notre lettre, par le camarade Bonneville. Quand vous aurez entendu le camarade Perret parlant au nom du Comité Fédéral, je crois que la conduite de Paris sera justifiée, de même que l'attitude du Comité fédéral.

Perret (secrétaire fédéral). Messieurs, un de nos camarades vient, dans une interruption, de poser la question sur son véritable terrain. Il s'agit simplement de juger un conflit survenu entre le syndicat de Bordeaux et le Comité fédéral, et de voir si ce dernier a agi conformément à ses devoirs et à ses droits. Je vais m'efforcer de répondre rapidement car cette question nous a déjà retenu trop longtemps.

Dès le début de la discussion, je tiens tout d'abord à bien

établir un point qui, a vrai dire, n'intéresse pas le fond du débat. Nous y attachons cependant une grande importance parce qu'il indique exactement quel état d'esprit la Chambre syndicale de Bordeaux a eu dans toute cette affaire.

Il s'agit d'une circulaire datée du 8 mars que le syndicat de Bordeaux a adressé à tous les syndicats fédérés.

Voici ce que nous lisons à la page 5 de cette circulaire :

Nous voyons bien que la réunion de ce Congrès jette l'alarme au sein du Comité Fédéral et qu'il essaye de le faire ajourner dans son propre intérêt et non dans celui des syndicats fédérés, car nous lui avons écrit que notre délégué porterait la question du conflit au Congrès qui appréciera. Pourquoi vouloir nous priver du moyen de faire la lumière ? Nous voulons qu'elle se fasse et elle se fera. Il est donc inutile que l'on cherche à la mettre plus longtemps sous le boisseau.

Je passe, Messieurs, sur la singularité de ce style électoral et je vais vous montrer que jamais le Comité fédéral n'a cherché à fuir la discussion ni à mettre ainsi que l'affirme Bordeaux « la lumière sous le boisseau. »

Notre demande de renvoi du Congrès à l'année 1905 avait été décidée pour des raisons très faciles à comprendre. Il suffit d'avoir écouté attentivement le rapport financier que notre camarade Leriche nous a présenté ce matin pour se rendre compte de ces raisons. Vous avez pu voir que malgré toute l'importance des questions à l'ordre du jour, la réunion du Congrès reste toujours subordonnée à nos moyens budgétaires, car, statutairement, les frais de séjour des délégués sont à la charge de la caisse fédérale. Or, il nous était matériellement impossible de faire face à ces dépenses. La proposition de Lyon, que la majorité des syndicats a acceptée a seule permis de nous réunir cette année.

C'est dans la séance du 19 février 1904 que le Comité fédéral décida de proposer aux syndicats, par voie de referendum, le renvoi du Congrès à l'année 1905. Cette question avait été soulevée une première fois dans notre séance du 21 janvier, ainsi que vous pouvez vous en rendre compte en consultant notre registre de procès-verbaux.

Le 25 février, Messieurs, six jours après que cette décision avait été prise, nous recevions de Bordeaux une lettre nous informant que le conflit en cours serait porté devant le prochain Congrès. En examinant les dates, vous voyez donc que ce n'est pas cette lettre de Bordeaux qui a pu nous décider à demander le renvoi du Congrès, puisque notre décision était prise depuis six jours.

Voici en quels termes le président de Bordeaux nous informait de la décision prise par ce syndicat, dans une assemblée tenue le 21 février.

« ...L'assemblée générale, vu le conflit avec le Comité fédéral décide que jusqu'au Congrès qui doit avoir lieu en mai prochain la Chambre syndicale de Bordeaux n'aura pas de délégué au Comité fédéral et que l'affaire sera portée à la connaisance du Congrès. »

Camarades, je n'insisterai pas autant sur ce point car il serait de mince importance s'il nous était possible de n'y voir de la part de Bordeaux, qu'une erreur faite de très bonne foi. Malheureusement nous ne pouvons admettre qu'il n'y ait là qu'une erreur. Voici pourquoi.

Notre referendum aux syndicats, adressé dans les derniers jours de mars, commençait ainsi :

Le Comité Fédéral, dans sa séance du vendredi 19 février, ayant examiné etc.

Ainsi, Messieurs, le syndicat de Bordeaux reçoit notre referendum qui lui indique formellement qu'à la date du 19 février nous avons décidé le renvoi du Congrès et malgré cette indication formelle, il adresse à tous les syndicats une circulaire affirmant que c'est sa décision, prise seulement le 21 février et communiquée au Comité Fédéral le 25, qui nous incite à demander ce renvoi, par crainte de donner des explications publiques.

Cette affirmation de la circulaire de Bordeaux ne peut s'expliquer que par une grande légèreté ou par la mauvaise foi. Je tenais, Messieurs, à établir ce premier point, car, ainsi que je vous l'ai dit, il indique bien l'état d'esprit apporté par Bordeaux dans tout ce conflit.

J'arrive à l'examen du conflit en lui-même et vous verrez que d'un bout à l'autre on ne trouve, de la part de Bordeaux que de l'exagération et encore de l'exagération.

Ainsi qu'on l'a dit tout à l'heure, la question se borne à examiner les rapports entre Bordeaux et le Comité Fédéral. Je laisse donc de côté tout l'historique que nous a donné le camarade Bonneville, du conflit entre le syndicat de Bordeaux et la Société Sainte-Cécile. J'estime que ces questions purement locales ne peuvent motiver des discussions de Congrès. Si le camarade Bonneville le désire, je lui ferai la partie belle en lui accordant que les musiciens de Sainte-Cécile ont tous les torts.

Examinons ce qui nous intéresse, la conduite du Comité Fédéral.

Le 22 décembre 1903, nous recevions une lettre du président de Bordeaux. Elle vous a été lue tout à l'heure par le camarade Bonneville, je n'en relirai que le passage le plus intéressant pour cette discussion :

«...Devant cette lâcheté, le Bureau respectueux de cet ordre du jour, a rayé comme étant *exclus*, tous ces faux frères, tous ces parias et apeurés et vient vous demander de les clouer au pilori et que leurs noms soient mis à l'index dans le *Courrier de l'Orchestre* pour faire connaître aux camarades de France de quoi ils sont capables. » (Suivent les noms.)

Le 24 décembre, le Comité Fédéral examinait cette lettre, assez sobre de détails comme vous l'avez vu et était mis au courant d'une conversation qu'avait eue avec le secrétaire, le camarade Bonneville, au cours d'une visite sur laquelle je reviendrai tout à l'heure.

Dans cette même séance, nous avions eu à nous prononcer sur une lettre de Marseille demandant la radiation du syndicat du Grand Théâtre de cette ville ; comme solution, il avait été décidé que le secrétaire adresserait aux deux organisations en conflit, une lettre de conciliation.

Pour Bordeaux, la même solution nous paru logique. Ainsi que nous l'avons écrit à Bordeaux, le Comité Fédéral a été quelque peu effrayé de la proportion des radiés ; il s'émut également de l'annonce faite par le camarade Naureils, de la formation d'un second syndicat et il chargea le secrétaire de procéder comme pour Marseille et d'écrire aux deux groupes dans un but de conciliation.

J'estime, Messieurs. que le Comité Fédéral a fait son devoir. Il n'avait pas à se laisser entraîner et devait s'efforcer d'arranger les choses pendant qu'il en était encore temps. Le Comité Fédéral a le devoir de faire de la propagande pour propager l'idée syndicale et créer de nouvelles organisations ; à plus forte raison doit-il s'efforcer de maintenir les syndicats déjà créés et doit-il prendre le rôle de médiateur lors qu'on lui soumet des conflits de la nature de celui qui naissait à Bordeaux à propos des incidents que vous connaissez.

Conformément à la décision du Comité Fédéral prise dans cette séance du 24 décembre, j'écrivis donc à la Chambre syndicale de Bordeaux, la lettre que le camarade Bonneville vous a lue tout à l'heure. Le camarade Bonneville en a souligné certains passages de telle sorte que sa lecture donnait à cette lettre un sens que nous contestons absolument :

« La lettre que nous a écrite votre président en date du 22 décembre a quelque peu effrayé le Comité Fédéral. Cette lettre nous fait part de la radiation d'environ 60 collègues appartenant à l'orchestre du Grand-Théâtre, et après avoir examiné les raisons que vous en donniez soit par la lettre du camarade Naureils, soit au cours d'une récente visite. le Comité Fédéral m'a chargé de vous communiquer ses impressions.

Le Comité Fédéral voudrait voir le syndicat de Bordeaux

revenir sur cette première décision. Cette exclusion en masse, étant donnée la valeur professionnelle du groupe exclu, étant donné surtout que ce groupe appartient exclusivement à l'orchestre le plus important de Bordeaux, fait redouter une scission regrettable à tous les points de vue.

On peut craindre que les exclus ne veuillent former entre eux un syndicat spécial au Grand-Théâtre...

Voici précisément un des passages sur lesquels le camarade Bonneville s'est arrêté, sans que je m'explique pour quelle raison. Notre lettre ne fait que reproduire une hypothèse que signale le camarade Naureils, et nous ne pouvons pas plus être incriminé pour cette citation que le camarade Naureils lui-même.

Et lorsqu'on nous dit que cette lettre, écrite dans une intention conciliante, a jeté le désarroi dans le syndicat de Bordeaux, nous ne pouvons nous empêcher d'être surpris et de remarquer que le désarroi existait déjà, puisque sur 199 membres il y avait eu 70 radiations environ.

Je le répète, cette lettre a été écrite avec la plus entière bonne foi. Vous pourriez sans doute lui reprocher sa forme, car elle fut écrite au courant de la plume, par un camarade qui ne pouvait prévoir qu'elle serait produite dans un débat public ; vous pourriez lui reprocher de n'être pas suffisamment politique. Soit. Mais il est impossible d'y voir, ainsi qu'on l'a prétendu, la moindre intention malveillante à l'égard du bureau de Bordeaux. Cela est tellement vrai que nous avertissions très loyalement ce bureau, que cette lettre devait être communiquée au groupe exclu. De notre part aucune manœuvre secrète, aucune manœuvre répréhensible. Nous avons agi en conciliateurs ainsi que nous le ferons toujours dans des circonstances semblables, et nous n'avons pas inséré au *Courrier de l'Orchestre* les noms des 65 radiés, parce que nous avons toujours espéré que leur radiation ne serait pas définitive. Et sur ce dernier point, camarades, c'est le syndicat de Bordeaux lui-même qui se charge de nous procurer notre justification.

Voici en effet la lettre que nous ne recevions de Bordeaux le 6 mars dernier, deux mois et demi à peine après la naissance du conflit.

D'abord une liste des adhérents à la Chambre syndicale et ensuite ceci.

Il y aura bientôt lieu d'ajouter les camarades dont les noms suivent qui ont demandé leur réintégration mais qui ne se sont pas encore mis à jour de leurs cotisations *et de l'amende bien minime de deux francs qui leur a été infligée pour les faits de Sainte-Cécile.*

Ainsi, Messieurs, au mois de décembre 1903, on nous demande de radier 65 collègues qui sont, paraît-il, des parias des lâches, des apeurés — ce sont les termes mêmes dont se sert le président de Bordeaux — et le 6 mars 1904, ces mêmes collègues redeviennent dignes de faire partie de la Fédération en payant simplement une amende de 2 francs ; leurs noms auraient figuré à la liste des *radiés* dans le *Courrier de l'Orchestre* du 1er janvier, et le numéro d'avril aurait annoncé leur réintégration ! Je vous demande, camarades, si le *Courrier de l'Orchestre* est fait pour enregistrer de telles inconséquences. Nous pensons, nous, que l'action syndicale doit toujours rester sérieuse et logique, et ne doit pas tomber dans de pareilles contradictions.

Si nous voulions d'ailleurs examiner la légitimité de ces 65 radiations, il y aurait beaucoup à dire. Nous voyons d'après les lettres de Bordeaux, que quatre assemblées générales se sont réunies pour examiner cette affaire de Sainte-Cécile. C'est la quatrième qui décida que les musiciens de cette Société ne devraient pas monter à l'orchestre le jour du premier concert. Or, le camarade Bonneville qui nous a dit aujourd'hui beaucoup de choses, a oublié de nous faire connaître un détail, selon moi très important. Il a oublié de nous dire quel était le nombre de musiciens assistant à ces différentes assemblées. Il a surtout oublié de nous apprendre qu'à la quatrième assemblée, celle où fut votée cette grève — car c'est bien d'une grève qu'il s'agit — les grévistes étaient absents. Je fais appel aux délégués de Lyon, Marseille et Rouen dont les syndicats eurent cet hiver, des mouvements grévistes et je leur demande si jamais leurs organisations auraient décidé une grève sans consulter avant tout les musiciens intéressés.

Le seul fait que les musiciens de Sainte-Cécile n'assistaient pas à une assemblée générale où devait être discuté une grève n'intéressant qu'eux, indique nettement leur manière de penser. Ils étaient opposés à la grève. Quels que soient leurs torts sur ce point — torts que je n'ai pas à examiner — je dis que le syndicat de Bordeaux a agi avec la plus grande imprudence en décrétant une grève, sachant d'avance que les musiciens ne le suivraient pas.

Vous voyez le résultat. Cette décision est restée lettre morte et nous a conduit au conflit qui se dénoue aujourd'hui.

Messieurs, la question de Sainte-Cécile a suffisamment duré. J'ai hâte d'en arriver à une chose qui me paraît infiniment plus grave, à la circulaire envoyée par Bordeaux à toute la Fédération à la date du 8 mars dernier. Vous la connaissez. Vous savez qu'elle met en cause le Comité fédéral et jette la suspicion sur ses membres. C'est elle qui a créé dans la Fédération cet état d'esprit dont nous constatons les effets depuis ce matin, état d'esprit tout de défiance et d'hostilité envers le Comité fédéral.

Vous savez aussi de quelle façon succinte nous avons répondu à cette circulaire. Nous n'en avons pas discuté les termes. Nous avons tout simplement dit aux syndicats qu'elle contenait des allégations incomplètes, inexactes ou fausses. C'est ce que je dois vous montrer aujourd'hui.

Je prends cette circulaire au point où elle met en cause le Comité fédéral, car tout ce qui précède n'est que l'historique du conflit local, avec Sainte-Cécile. A la page 3, dans ce que le rédacteur appelle « Historique sommaire », je lis :

18 octobre 1903. Lettre adressée à la Fédération pour demander un délégué. 21 octobre. Paris refuse ne pouvant, dit-il, supporter la dépense.

Ceci, Messieurs, constitue une première allégation inexacte. Le Comité fédéral n'avait pas à refuser l'envoi d'un délégué, attendu que ce délégué ne lui était pas demandé formellement. Voici, en effet, en quels termes la lettre de Bordeaux du 18 octobre, parlait de cette délégation.

... La réunion du 18 courant n'était composée que du Bureau. 8 membres et 22 membres de l'orchestre Sainte-Cécile. Ce n'était donc pas une assemblée générale de sorte que je ne sais pas si la demande que je vous adresse au nom de ces membres *peut être considérée comme réellement valable.*

A cette demande qui, vous le voyez, n'avait pas un caractère définitif, le président Laperrière répondit par une lettre qui vous a été lue par le camarade Bonneville. Le post-scriptum est suffisamment clair :

... Dans le cas où vous décideriez l'urgence de ma présence et où vous verriez l'impossibilité de supporter toute la dépense, veuillez adresser une demande ferme à la Fédération qui en prendra une partie à sa charge.

C'est ce que Bordeaux, dans sa circulaire du 8 mars, traduit par « Paris, refuse un délégué » !

Mais, il y a mieux. Une délégation ne peut-être refusée ou accordée, que par un vote du Comité fédéral, Bordeaux ne l'ignore pas. La lettre du camarade Laperrière n'avait donc que la valeur d'un renseignement, mais non d'une réponse définitive. Le Comité fédéral se réunit le 27 octobre. Il examine la lettre de Bordeaux et la réponse de Laperrière et me charge d'écrire à nouveau. Voici ma lettre.

Monsieur Bonneville,
52, rue Leberthon, Bordeaux.

Mon cher collègue,

Nous avons reçu le 18 octobre une lettre de vous au sujet des incidents de la Société Sainte-Cécile. Laperrière a dû répondre à cette lettre, et depuis, nous n'avons rien reçu de vous.

Le Conseil fédéral, qui s'est réuni la semaine dernière, a pris connaissance de cette lettre et s'est ému de la situation que vous nous dépeignez au sujet de la vitalité de votre syndicat.

Veuillez donc répondre à la lettre que Laperrière vous a adressée et nous faire savoir en quoi le Comité fédéral pourra vous aider.

En ce qui concerne l'orchestre Sainte-Cécile pensez-vous qu'une démarche par lettre auprès du Comité directeur ou auprès du chef d'orchestre puisse avoir quelque effet ?

Si oui dites-nous le vite et spécifiez bien ce que devra contenir la lettre.

Saluts fraternels.

Louis PERRET.

Je vous prie de remarquer que Bordeaux n'a répondu ni à la lettre de Laperrière, ni à la mienne. Cela ne l'empêche pas dans sa circulaire de traduire nos deux lettres par ceci : « Paris *refuse* un délégué ! »

Je continue la lecture de la circulaire :

10 décembre. Envoi du camarade Bonneville à Paris, entrevue avec Perret et Million, explication de la situation, refus d'envoi de délégué faute de fonds à la Fédération et aussi dans notre caisse.

Pour faciliter mes explications sur ce point, le camarade Bonneville m'a lui-même tendu la perche avec une complaisance dont je le remercie. En effet, il nous disait tout à l'heure, « qu'ayant eu l'occasion de venir à Paris pour affaires personnelles, il *avait profité de ce voyage* pour se rendre au siège de la Fédération afin de nous entretenir des affaires de Bordeaux. » C'est ce que la circulaire appelle « *envoi* du camarade Bonneville à Paris, etc. »

Le camarade Bonneville est venu sans qu'aucun de nous soit averti de sa visite. C'est par hasard qu'il m'a rencontré au bureau et par hasard également qu'il y a rencontré le camarade Million. Sa visite n'avait nullement le caractère officiel que lui donne la circulaire qui, sur ce point-là, est encore inexacte. De plus, quelle qu'ait été la forme de l'entrevue, ni Million ni moi n'avions qualité pour accorder ou refuser au camarade Bonneville l'envoi d'un délégué. Je le répète, c'est le Comité fédéral seul qui peut se prononcer sur les demandes de délégation.

Voici encore une autre affirmation de la circulaire que nous déclarons inexacte.

8 janvier 1904. Fédération sous signature, Louis Perret, refuse insérer et envoie copie d'une lettre aux radiés en même temps qu'à la Chambre syndicale, dans laquelle le bureau est pris à partie.

Il s'agit de la fameuse lettre, cause initiale du conflit. Elle a été suffisammment lue et commentée au cours de ce débat, je n'y reviendrai pas. J'attends qu'on me montre quels sont les passages ou le bureau de Bordeaux est pris à partie.

La circulaire porte ensuite :

10 janvier. La Chambre syndicale adresse blâme au bureau fédéral pour cette illégalité.

22 janvier. Lettre du Comité fédéral faisant connaître qu'il n'acceptait pas notre blâme et adressant des reproches aux militants qui ont fait leur devoir et tout leur devoir.

En effet, Messieurs, les termes de cette seconde lettre adressée à Bordeaux constituent un blâme pour le bureau, mais c'est une réponse à un premier blâme absolument injustifié, adressé par Bordeaux au Comité fédéral Vous n'admettrez pas, je pense, que le Comité fédéral puisse rester sous le coup d'un blâme que lui adresse un syndicat, et n'ai pas le droit de répondre du tac au tac. Quant à nous, notre dignité se refuse absolument à accepter un ordre du jour tel que celui que nous adressa Bordeaux le 10 janvier, et nous y répondrons toujours aussi vertement.

En tout cas, il ne faut pas qu'une confusion s'établisse dans votre esprit au sujet des deux lettres adressées à Bordeaux. De ces deux lettres, c'est la première seule, lettre de conciliation qui a été communiquée aux artistes de Sainte-Cécile. La seconde lettre, lettre de blâme, n'a été adressée qu'au bureau de Bordeaux.

L' « historique sommaire » se termine ainsi :

21 février. Assemblée générale ne reconnait pas au Comité fédéral le droit de s'ériger en cour souveraine...

Ce qu'il n'a nullement fait puisqu'il ne s'est jamais prononcé sur le fond du conflit entre le syndicat et les musiciens de Ste-Cécile.

... Et confirme le blâme qui a été adressé le 10 janvier 1904.

Et voilà comment le syndicat de Bordeaux raconte l'histoire. La réalité est quelque peu différente, nous vous l'avons montrée en mettant sous vos yeux des textes et des faits précis. A vous de juger si nous avons eu tort de dire que la circulaire de Bordeaux contenait des affirmations inexactes.

Parmi les allégations fausses, il y a tout d'abord celle dont j'ai parlé au début de la discussion, disant que le Comité fédéral demandait le renvoi du Congrès sous l'influence d'un avis de Bordeaux. Je ne reviendrai pas sur les explications données. Je me permets seulement de dire que le rédacteur de la circulaire s'est singulièrement trompé lorsqu'il a écrit:

Nous voyons bien que la réunion de ce Congrès jette l'alarme au sein du Comité fédéral et qu'il essaye de le faire ajourner dans son propre intérêt.

Le Comité fédéral ne s'alarme pas aussi facilement, soyez-en persuadés.

Mais qu'est-ce que cela signifie? Qu'entendez-vous par l'*intérêt* du Comité fédéral? Vous oubliez de nous le dire. Là encore vous vous contentez d'affirmer, sans songer à fournir la moindre preuve.

Je terminerai, camarades, en signalant une autre affirmation fausse que je trouve à la page 2 de la circulaire bordelaise. Elle intéresse la personnalité du camarade Million, qui était à cette époque délégué de Bordeaux au Comité fédéral. Voici ce que prétend la circulaire:

Nous avons relevé de ses fonctions notre délégué à la Fédération.

Or, le camarade Bonneville lui-même nous a donné tout à l'heure à ce sujet un renseignement très précis. Il nous a dit textuellement:

« Le 19 janvier, le camarade Million nous adressait sa démission de délégué de Bordeaux au Comité fédéral ».

Pourquoi la circulaire déforme-t-elle ainsi la vérité? Est-ce dans le but de discréditer les délégués au Comité fédéral?

Camarades, vous voyez que lorsqu'on examine de près cette affaire de Bordeaux, il n'en reste rien, moins que rien. C'est la montagne qui accouche d'une souris. Que reste-t-il des affirmations de la circulaire? Où sont les preuves des accusations ou des insinuations lancées contre le Comité fédéral? N'est-il pas regrettable que nous ayons dû perdre une journée à discuter cette trop fameuse circulaire, cause de l'hostilité visible que marquent certains délégués contre le Comité fédéral depuis le début du Congrès. Dans tout ce conflit entre Bordeaux et la Fédération nous ne trouvons que de l'exagération, un peu de vanité froissée, la recherche de satisfaction d'amour propre, et je ne sais quel besoin de donner une importance générale à un cas particulier qui n'intéressait que le syndicat de Bordeaux.

Vous avez entendu nos explications, nous ne vous demandons aucune sanction contre les auteurs responsables de cet incident. Votre jugement nous suffit. Qu'il ne soit plus question de cette affaire. Passons à l'ordre du jour et travaillons. (*Applaudissements*).

Le Président. Je viens de recevoir un ordre du jour rédigé par le camarade Bailly, ainsi conçu.

Le Congrès regrettant le malentendu survenu entre le bureau du Syndicat de Bordeaux et le Comité fédéral, accepte les explications des intéressés et passe à l'ordre du jour.

Bonneville. Je désirerais simplement répondre au sujet des dates citées par le camarade Perret. La décision du Comité fédéral au sujet du renvoi du Congrès a été prise le 19 février, mais nous n'en avons été avisé que quelques jours plus tard. Nous avons eu une assemblée générale le 21. A la suite de cette assemblée j'ai informé le Comité fédéral que nous soumettrions notre conflit au prochain Congrès. C'est après avoir écrit cette lettre que j'ai reçu avis de la décision prise le 19 par le Comité fédéral. Nous nous sommes réunis à nouveau et avons pris une décision concernant la circulaire. Toutes ces dates sont assez rapprochées les unes des autres, et une confusion peut se faire sans mauvaise intention.

Au sujet de la réintégration des radiés nous nous sommes dit : Ces camarades ont commis une faute mais à tout péché miséricorde. S'il avaient été mis à l'index du *Courrier de l'Orchestre*, ils auraient fait amende honorable plus tôt.

Je répondrai aussi que des erreurs peuvent se glisser dans une circulaire de 12 ou 16 pages.

Mais il reste ceci : que des camarades ont contrevenu aux décisions d'une assemblée générale ; qu'un syndicat les a radiés, que le Comité fédéral nous a adressé plusieurs lettres une entre autres dans laquelle il nous parlait d'accepter un deuxième syndicat. Nous n'avons jamais voulu faire de scission à Bordeaux. En radiant nos collègues de Sainte-Cécile, nous estimions qu'ils ne pourraient plus être reliés à la Fédération.

Le Président. Camarades, je me suis inscrit après la lecture de l'ordre du jour déposé par Bailly. Je crois qu'il est de mon devoir de prêcher la conciliation.

D'après ce que nous a dit le camarade Bonneville, l'affaire est en voie de solution entre les musiciens de Bordeaux puisque beaucoup de collègues mis à l'index par le syndicat sont maintenant réintégrés. Quant au conflit entre Bordeaux et le Comité fédéral, après les explications du camarade Perret, la question est jugée. De part et d'autre on a agi avec une entière bonne foi ; je vous prie donc de vous rallier à l'ordre du jour du camarade Bailly et de considérer l'incident comme clos.

Passons l'éponge sur cette affaire pour nous mettre au travail sur les autres questions portées à l'ordre du jour. Cette affaire de Bordeaux est une obsession pour nous depuis ce matin. Nous n'avons encore rien fait pour le bien général et c'est pourtant pour cela que nous sommes réunis aujourd'hui.

Bonneville. Je suis tout disposé, camarades à accepter l'ordre du jour de conciliation.

Le Président met aux voix l'ordre du jour déposé par le camarade Bailly.

L'ordre du jour est accepté a l'unanimité.

La séance est suspendue.

La séance est reprise.

Le Président. Chers Camarades, avant d'aborder la suite de l'ordre du jour qui appelle l'examen des modifications aux statuts fédératifs, demandés par Le Havre, Bordeaux, Nantes, Tours, etc... et par le Comité Fédéral, j'ai le plaisir de vous donner connaissance de cette dépêche de nos camarades d'Italie.

« *Avons retardé réponse à votre invitation au Congrès afin d'assurer l'envoi de notre délégué Bertone qui arrivera lundi à une heure et demie, Nous souhaitons heureux travaux et pleine réussite au Congrès au nom des musiciens italiens. Saluons proclamation de l'accord international, triomphe organisation.*

Associazione Italiano professori orchestre.

(Applaudissements unanimes.)

Le Président donne la parole au camarade Cousin, délégué du Havre.

Cousin. (Le Havre.) En ce qui concerne les modifications que nous voulons apporter aux statuts, je demande que l'on vienne à la question que j'ai posée ce matin.

La démission du président de la Fédération n'a pas été communiquée aux syndicats fédérés ; elle aurait dû l'être.

C'est une négligence dont je ne connais pas les motifs et

je propose de convoquer M. Laperrière, ex-président, pour lui demander d'assister à la séance de demain. Je demande que l'on mette aux voix cette proposition.

Bailly (Angers). Nous n'avons pas à savoir pourquoi M. Laperrière a démissionné ; mais j'insiste au contraire pour savoir pourquoi le camarade du Havre fait cette proposition. Quelles sont les raisons qui lui font poser cette question ?

Cousin. Les syndicats n'ont pas été informés de la démission de M. Laperrière. C'est par hasard que j'ai appris cette démission. Lui ayant envoyé ma carte pour le premier janvier, j'ai été étonné d'y lire : Laperrière *ex-président.*

(*A ce moment les délégués de Belgique entrent dans la salle.*)

Le Président. Camarades, j'adresse en votre nom un salut fraternel à nos camarades **De Reese, Faes,** délégués des Artistes-Musiciens de Belgique. Je suis heureux de leur tendre la main et de leur souhaiter la bienvenue. (*Applaudissements unanimes.*)

La discussion continue. La parole est au camarade **Perret** au nom du Comité Fédéral.

Perret. Je ne partage pas du tout l'avis que vient de formuler Bailly. J'estime au contraire que les délégués ont parfaitement le droit d'interroger le Comité Fédéral sur la démission du président, et nous sommes tous prêts à donner les explications demandées par le délégué du Havre.

Je vais vous soumettre toutes les pièces officielles où il est parlé de cette démission : lettres, copies de lettres, procès-verbaux. Si vous ne vous jugez pas suffisamment renseignés, vous pourrez ensuite reprendre la proposition Cousin qui consiste à convoquer le président démissionnaire.

Le camarade Laperrière a donné sa démission par la lettre suivante, datée par erreur du 27 novembre au lieu de 27 octobre.

MM. les membres du Comité Fédéral.

Le vote que vous avez émis dans votre séance de ce jour, au sujet de l'envoi d'un délégué pour diriger le conflit sur le point d'éclater à Marseille, m'oblige à vous adresser ma démission de Président de la Fédération.

En effet, le Syndicat de Marseille me désigne personnellement pour remplir cette mission et vous m'avez par votre choix jugé incapable de la remplir.

Vous m'avez fait ainsi connaître d'une manière polie mais formelle ce que vous pensiez de mes capacités et de mes antécédents depuis la création de notre Fédération, et je ne saurais garder plus longtemps un titre et une fonction dont vous m'avez déclaré indigne.

Je vous prie d'agréer, mes sentiments de confraternité.

Cette lettre nous a été communiquée par le président lui-même après une séance du *Conseil syndical* de Paris, le mercredi 27 octobre. Nous n'étions pas en séance de Comité Fédéral, cette communication n'avait donc rien d'officiel non plus que la conversation qui suivi, au cours de laquelle la plupart des camarades présent dirent à Laperrière qu'il avait tort d'interpréter ce vote de cette façon et de démissionner. La lettre de démission ainsi que toute la correspondance fut soumise à la séance du Comité Fédéral qui suivi cette communication. Voici ce que porte le procès-verbal de la séance du 18 novembre.

Le secrétaire donne lecture d'une lettre de démission que lui a adressée le président. En l'absence de ce dernier, le Comité Fédéral décide de remettre à la prochaine séance la discussion sur cette lettre.

Le principal intéressé n'assistant pas à cette réunion, nous avons pensé qu'il convenait d'attendre, pour examiner la lettre, qu'il fut présent. Vous n'ignorez pas que le Comité Fédéral ne se réunit qu'une fois par mois. Il nous fallut donc attendre la réunion du 24 décembre pour revenir sur cette démission. Le hasard fit que le 24 décembre Laperrière était absent. Il s'était rendu à Toulouse pour intervenir dans la grève des musiciens des Variétés.

Le procès-verbal du 24 décembre porte ceci.

Le Comité Fédéral, examinant la démission remise par le président, décide qu'il n'a pas qualité pour examiner cette démission. Le bureau actuel a été maintenu dans ses fonctions par les délégués du Congrès de Bordeaux et devait être renouvelé dès la constitution du Comité Fédéral. C'est donc le bureau en entier qui doit être soumis à la réélection et non pas seulement le président.

Il fut donc décidé à cette séance que les organisations devaient être consultées non pas sur la réélection d'un des membres du bureau, mais sur la réélection du bureau tout entier. En effet, Messieurs, dans l'esprit des délégués au Congrès de Bordeaux, ceux qui sont ici aujourd'hui doivent s'en souvenir, cette réélection aurait dû se faire dès la constitution du Comité Fédéral. Cette constitution ayant été beaucoup plus longue que nous l'espérions, la réélection du bureau avait toujours été retardée.

Je dois vous dire, camarades, qu'à la date du 24 décembre, aucun d'entre nous ne considérait la démission du président comme définitive. Nous pensions qu'elle avait été donnée dans un moment de nervosité et qu'elle ne serait pas maintenue. D'ailleurs le camarade Laperrière continua comme par le passé à remplir ses fonctions, puisque le 13 décembre, six semaines après cette démission il avait néanmoins pris part, au titre de président de la Fédération à la cérémonie qui eût lieu au square Vintimille à l'occasion du centenaire de Berlioz.

La réunion suivante eut lieu le 21 janvier. Laperrière s'excusa de ne pouvoir y assister par une carte-lettre adressée au secrétaire. Depuis, nous ne l'avons pas revu au Comité Fédéral dont il faisait partie au titre de délégué de Toulouse.

Le 15 février je lui écrit de la part du Comité Fédéral.

Mon cher président,

Le Comité Fédéral m'a prié de vous convoquer par lettre pour la prochaine réunion qui doit avoir lieu vendredi 19 courant à 2 heures et demie.

L'ordre du jour de cette réunion comporte un point qui vous intéresse particulièrement, ce sont les mesures à prendre pour le renouvellement du bureau de la Fédération.

Les autres questions à l'ordre du jour sont, etc.

Dans l'espoir de vous voir vendredi, agréez, etc.

Voici sa réponse :

Je vous accuse réception de votre lettre du 15 courant. Il ne me sera pas possible d'assister à la prochaine réunion du Comité Fédéral et comme je me rends compte que je ne puis accepter plus longtemps un mandat dont je ne remplis plus les obligations, je prie mes collègues de Toulouse d'accepter ma démission et de nommer un autre délégué au Comité Fédéral.

C'est vous dire que maintenant moins que jamais je ne pourrais accepter un emploi quelconque dans le nouveau bureau.

Veuillez agréer, etc.

En lisant cette lettre, il ne pouvait plus nous rester aucun doute sur ses intentions. Il se retirait purement et simplement du Comité Fédéral.

C'est le 18 février que nous avions cette certitude et c'est le 19 février, deux jours plus tard, que nous prenions une décision au sujet de la modification du bureau, décision communiquée aux syndicats vers le 24 février, sans perte de temps comme vous le voyez.

Somme toute, s'il y a eu des retards dans toute cette affaire, ils proviennent de la rareté des réunions du Comité Fédéral et de l'absence de Laperrière à ces réunions.

Cette démission est survenue à la suite d'un vote sur l'envoi d'un délégué à la grève de Marseille. Si vous voulez me permettre de vous donner des détails sur les circonstances de ce vote, vous penserez comme nous qu'il n'y avait pas là de quoi motiver une démission et vous trouverez sans doute ce prétexte un peu ténu.

Le Président. Je prierai le camarade Perret d'être très bref dans ses explications. Nous devons examiner les modifications aux statuts ; or la discussion qui nous retient est purement une question de personnalité ; il me semble qu'elle prend une ampleur excessive.

Cousin. Monsieur le président il y a connexité entre les modifications aux statuts et la suppression de la présidence dont nous parlons en ce moment.

Perret. Le 16 octobre 1903, nous recevions la lettre suivante du camarade Goiran secrétaire de la Chambre syndicale de Marseille.

Cher président et camarade,

Nous serions très heureux de savoir, dans le cas où un mouvement se produirait à Marseille, si vous pourriez venir au milieu de nous pour défendre et soutenir nos revendications.

Vous voudrez bien choisir vous-même le délégué devant vous accompagner.

Veuillez agréez, etc.

Nous répondions par cette lettre :

Cher collègue,

Je communique à l'instant au président afin qu'il puisse vous répondre lui-même. Le Comité Fédéral fera tout son possible pour vous soutenir dans la lutte que vous allez entreprendre. Cependant je crois qu'il est nécessaire que vous nous fassiez parvenir de plus amples renseignements afin que le Comité Fédéral puisse se rendre compte que la gravité de la situation à Marseille justifie les sacrifices qu'il devra s'imposer — sacrifices pécuniaires dont nous devons tenir grand compte étant donné l'état de la Caisse Fédérale.

En tout cas sur un télégramme de vous, un délégué d'ici pourrait partir.

(Le reste de la lettre précise les renseignements que doit donner le syndicat de Marseille).

Le président de son côté répondit le 18 octobre ainsi qu'il l'a indiqué lui-même en tête de cette lettre. Je ne puis vous communiquer sa réponse car elle n'est pas au copie-lettres.

Le 21 octobre, autre lettre de Marseille contenant les renseignements demandés et nous prévenant que la caisse du syndicat de Marseille ne peut supporter la dépense du voyage d'un délégué et que l'on compte sur la Fédération.

Réponse de nous le 23, faisant connaître que le Comité fédéral devait se réunir spécialement pour examiner la situation à Marseille. Et enfin le 25, lettre de Marseille demandant catégoriquement un délégué :

... Nous voudrions avoir un délégué à cause de notre inexpérience pour la première lutte que nous allons engager. Vous comprendrez facilement qu'un délégué venant de Paris et au courant de tous les moyens à prendre pour la réussite de nos revendications, nous sera d'une grande utilité.

Autre lettre le 27 octobre. C'est le président de Marseille qui écrit au président fédéral, et renouvelle la demande de deux délégués. Le Comité fédéral, examinant la correspondance de Marseille, fait d'abord la constatation que l'état de la Caisse fédérale ne lui donne guère la possibilité d'assurer le dépense de l'envoi d'un délégué.

Voici, que nous lisons ensuite au procès-verbal de la séance du 27 octobre :

...Le délégué de *Rouen* fait observer que la Chambre syndicale de Marseille n'a pas demandé au Comité fédéral un délégué quelconque mais qu'elle a indiqué quel devait être ce délégué. C'est donc une affaire personnelle entre le camarade désigné et la Chambre syndicale de Marseille, et le Comité fédéral n'a pas à s'en préoccuper.

Nantes appuie la manière de voir de *Rouen*.

Angers demande à connaître l'état de la Caisse fédérale.

Nice répond que dans des circonstances semblables la question d'argent ne doit pas nous préoccuper. Si la présence d'un délégué est nécessaire, envoyons-le; nous verrons après à trouver l'argent pour couvrir les frais de délégation.

Toulouse appuie cette opinion en citant les souscriptions spontanées destinées à couvrir les frais de la grève de Paris.

Rouen répète que nous ne devons pas nous occuper d'une demande ayant un caractère personnel.

Angers appuie l'avis de *Rouen* et dit que le Comité fédéral doit conserver son entière indépendance lorsqu'il se trouve en présence d'une demande pouvant engager les fonds fédéraux dont il a la responsabilité. C'est le cas, lorsqu'on lui demande un délégué, comme ces demandes peuvent se renouveler fréquemment dans l'avenir, il faut que le Comité fédéral établisse une fois pour toute ce principe.

Puis, à l'unanimité, le Comité fédéral décide d'envoyer un

délégué à Marseille et de procéder à la désignation de ce délégué. Ce second vote a lieu au scrutin secret et donne le résultat suivant : Perrot, 8 voix ; Laperrière, 3 voix ; Seitz, 1 voix.

Le lendemain, le camarade Laperrière nous remettait sa démission.

Cousin (Le Havre). Des explications fournies, il résulte que le président a donné sa démission à la suite d'un vote désignant M. Perrot pour aller à Marseille. Il est évident que la correspondance de Marseille demandait que ce délégué soit M. Laperrière. En votant ainsi le Comité fédéral faisait subir un échec d'amour propre au président, et j'ajouterai que cela indique qu'il y avait au Comité fédéral des rivalités de personnes nuisibles aux intérêts des artistes musiciens fédérés.

Le président. Je ne puis laisser passer ces paroles. En ce moment au lieu de nous occuper des principes généraux du syndicalisme, nous perdons notre temps dans des questions de personnes, et le camarade Cousin est d'autant moins qualifié pour adresser ce reproche au Comité fédéral, que lui-même depuis ce matin ne fait que de s'occuper de questions de personnes.

Un congressiste. Le camarade Laperrière n'était qu'un membre du Comité fédéral au même titre que les autres délégués. Il n'était pas toute la Fédération, et le Comité fédéral est resté dans la légalité en agissant comme il l'a fait.

Barrère (délégué au Comité fédéral). Je demande au camarade Cousin s'il est bien réellement chargé par le syndicat du Havre de présenter cette question.

Cousin. J'en prends à témoin mon co-délégué qui est vice-président du syndicat du Havre.

Ruggiery. Je désirerais savoir si notre collègue Cousin a pressenti M. Laperrière avant de venir traiter cette question ici.

Cousin. Oui, je lui ai fait une visite de politesse.

Ruggiery. C'est tout ce que je voulais savoir.

Bonneville (Bordeaux). Lorsque Marseille a adressé sa demande au Comité Fédéral, Laperrière était président, et c'est à ce titre que Marseille lui écrivait. Mais cette correspondance intéressait le Comité Fédéral. Par conséquent le choix d'un délégué quelconque désigné par le Comité, ne contrevenait absolument pas ce qui avait été demandé par

Marseille car en s'adressant au président c'était au Comité que l'on s'adressait.

Prévost (Paris). La question se résume à ceci : Le Comité Fédéral n'a pas voulu admettre qu'un syndicat lui désigne un délégué, alors que c'est la Fédération qui doit couvrir les frais de l'envoi de ce délégué. Du moment qu'un syndicat demande un délégué et du moment que ce délégué est au frais de la Caisse fédérale, le Comité Fédéral doit être libre d'envoyer qui lui convient. Le camarade Laperrière a admis ce raisonnement quand la question de principe a été posée devant le Comité Fédéral. Il a bien accepté la proposition de désigner un délégué au bulletin secret. S'il avait eu à protester il aurait dû protester avant le vote et dire : Marseille me désigne, je n'admets pas qu'on vote. Du moment que le camarade Laperrière a accepté le principe de ce vote nous n'avons pas à voir si le résultat a été non conforme à ses désirs ou si un nombre de voix supérieur à désigné un autre camarade. Il a remis, le lendemain de ce vote une démission officieuse puisque six semaines après il présidait la cérémonie de la statue de Berlioz. Nous ne devons donc pas considérer que c'est ce vote qui a entraîné la démission du président ; du moment qu'il avait accepté ce vote, il devait en accepter toutes les conséquences et s'incliner.

Bailly (Angers). J'appuie ce que vient de dire le camarade Prévost et je regrette que le syndicat de Marseille ait cru devoir désigner une personnalité dans sa demande de délégué. Je déplore que le Comité Fédéral ait eu à sa tête un camarade pour qui la question d'amour-propre passe avant les questions d'intérêt général.

Perret (secrétaire fédéral). La décision prise par le Comité Fédéral est absolument justifiée par une décision prise l'an dernier par le Congrès de Bordeaux, dont voici le texte.

Le Comité Fédéral seul aura qualité pour décider l'envoi de délégué dans un ville de province, en cas de conflit. Ce délégué pourra être choisi soit à Paris, soit en province.

Il est donc impossible de contester la légalité du vote du Comité Fédéral. Reste les considérations d'amour-propre. J'ai vu fréquemment Laperrière après sa démission et naturellement nous en avons parlé. Je lui ai dit que lorsqu'on appartient à une organisation où tout repose sur le vote, il faut accepter toutes les conséquences de ce principe. Lorsqu'un vote vous est favorable tant mieux ; lorsqu'il vous heurte il n'y a qu'à s'incliner.

Le Comité Fédéral a voulu une fois pour toutes trancher

une question de principe en désignant lui-même un délégué. J'estime qu'il a eu raison.

Guillet (Grenoble). A titre de vote de confiance au Comité Fédéral, je demande l'ordre du jour pur et simple sur la proposition du Havre.

Le Président met aux voix l'ordre du jour pur et simple qui est adopté.

Le Président. Si le Havre a d'autres observations à présenter à propos des modifications aux statuts, je prie son délégué de présenter de suite ses propositions sans faire de questions de personnalités. La discussion est ouverte sur les modifications aux statuts.

Cousin (Le Havre). La première chose que nous demandons c'est qu'il ne soit apporté aucune modification aux statuts fédératifs en dehors des votes réguliers des Congrès et que rien ne se passe au moyen de referendum.

Dans les statuts adoptés l'année dernière par le Congrès de Bordeaux on a augmenté le nombre des membres du Comité Fédéral ou mettant un délégué par syndicat.

Au Congrès de Bordeaux, nous étions les seuls, le camarade Gouirand, de Marseille et moi, à nous élever contre cette modification.

Je demande que l'on veuille bien revenir à un Conseil Fédéral de quatre membres comme avant le Congrès de Bordeaux, car le Comité Fédéral, marchait mieux quand les membres étaient moins nombreux. Il suffit d'un président, d'un vice-président et de trois ou quatre membres au lieu de 16. Je demandais également que cette administration ne puisse être modifiée en dehors des Congrès.

Le Président Pour gagner du temps et éviter que les mêmes propositions soient faites par plusieurs villes ce qui compliquerait le travail, n'êtes-vous pas d'avis de discuter point par point les modifications aux statuts.

Guinand (Genève). Nous ne pouvons pas discuter tant que les propositions ne sont pas formulées sous la forme d'articles de statuts. Je demande aux délégués qui ont des propositions à faire de vouloir bien nous soumettre un texte. Dans tout article il y a deux choses à examiner : 1° le principe même de l'article et 2° son texte.

Perret. En effet il est impossible de discuter avec profit sur des propositions formulées d'une manière aussi vague, je voudrais cependant répondre en quelques mots au camarade Cousin. En ce qui concerne le referendum nous étions parfaitement en droit de le faire, l'article 20 de nos statuts nous y autorise. Remarquez que lorsque nous vous avons adressé ce referendum nous supposions qu'il n'y aurait pas de Congrès cette année.

Le camarade Cousin demande que l'on revienne à l'état de choses qui existait avant le Congrès de Bordeaux, et que l'on fixe à quatre le nombre des membres du Comité Fédéral. Véritablement je me demande sur quoi peut s'appuyer ce camarade pour faire cette demande. Pense-t-il que la Fédération sera mieux administrée par quatre membres que par seize ou plus ? Vous prétendez que ces seize délégués de syndicats ne connaissent pas les intérêts des villes fédérées. Quand vous aurez réduit leur nombre à quatre les connaîtront-ils davantage. Vous nous dites que la Fédération marchait mieux. Qu'a donc fait ce premier Comité Fédéral de quatre membres? En un an il s'est réuni deux fois, à la veille du Congrès de Bordeaux pour examiner l'ordre du jour de ce Congrès. Si vous voulez trouver trace de son travail, il n'y a ni procès-verbaux, ni copie de lettres, il vous faudra rechercher dans les archives de la Chambre syndicale de Paris. La confusion entre ces deux organismes, que vous semblez redouter maintenant, était complète.

En réalité, le premier bureau fédéral n'a pas fait grand'chose. Je puis vous en parler, j'en faisais partie (*Rires*). Le bureau fédéral actuel a, au contraire, écrit une correspondance des plus chargées, il a envoyé fréquemment des avis spéciaux, des circulaires aux syndicats, soit pour signaler des conflits, soit pour toute autre raison. Il a de plus administré et rédigé le *Courrier de l'Orchestre*. Le Comité Fédéral s'est réuni régulièrement tous les mois ; toutes les semaines pendant ces derniers temps. Lorsque vous avancez que l'ancienne administration fédérale travaillait davantage, je demande que vous précisiez.

Schlosser (Brest). Je demande que nous prenions les articles des statuts point par point depuis l'article 1. Nous discutons en ce moment sur l'article 8. Or, le Comité Fédéral présente un projet de statuts nouveaux, dans lequel les articles 1, 2, 3, etc., sont modifiés. Commençons par l'article 1, et, sur chaque article, les délégués feront leurs observations ou leurs contre-propositions.

Bailly (Angers). Je voudrais savoir si le camarade Cousin, en évoquant l'état de choses d'avant le Congrès de Bordeaux, a voulu insinuer que nous avons fait de la mauvaise besogne à Bordeaux. Presque tous les délégués qui étaient présents à Bordeaux sont ici.

Prévost (Paris). A Bordeaux, nous avons fait valoir toutes les raisons en faveur de la création du Comité Fédéral. Si

4

nous sommes venus ici pour refaire ce qui a été fait l'an passé, ce n'était pas la peine de nous réunir.

Le Président. Les organisations de Bordeaux, Tours, qui demandent des modifications aux statuts, ont-elles préparé un projet précis.

Plusieurs délégués. Non.

Le Président. Le Comité Fédéral a préparé un travail. Il est long, mais je crois que, dans ce projet, tout ce qui intéresse la Fédération a été prévu. Je demande au Congrès s'il ne serait pas bon de discuter le projet du Comité Fédéral, à charge pour les délégués des villes d'apporter leurs observations quand viendront les questions que leurs organisations les ont chargés de discuter. Le Comité Fédéral remplit un peu en ce moment le rôle de gouvernement, il vous soumet une nouvelle proposition de loi soigneusement étudiée et vous demande de l'examiner article par article. Etes-vous d'avis de procéder de cette façon ;

Perret. Le projet de statuts étudié par le Comité Fédéral est polygraphié, je vais en remettre un exemplaire à chaque délégué. Je vais joindre à ces statuts le projet d'engagement-type pour les saisons d'été. Vous pourrez prendre connaissance de ces projets ce soir.

Le Président demande si, en raison de l'heure avancée, il ne serait pas possible de remettre à demain la discussion sur les statuts.

« Voyez-vous dans l'ordre du jour une question qui puisse être examinée en peu de temps et que nous puissions trancher avant de lever la séance ? »

Jude (Tours). Je propose de discuter notre proposition relative au *Courrier de l'Orchestre*.

Cousin (Le Havre) demande la parole pour prier les congressistes de l'excuser si, dans « le feu de la discussion, il lui est arrivé d'exprimer son opinion en termes qui ont pu dépasser sa pensée. »

Le Président propose de mettre en discussion une proposition de Lyon, tendant à modifier la cotisation dans tous les syndicats.

André (Lyon). Camarades, je ne fais partie du bureau de Lyon que depuis peu de temps ; nous avons été envoyés ici, mon collègue Rey et moi, en quelque sorte au pied levé, pour remplacer nos camarades Chevallier, Bridet et Lapras, empêchés au dernier moment.

Nous nous contenterons simplement de vous lire la proposition d'unification.

*Le syndicat de Lyon demande que les cotisations soient
portées à 0,75 centimes et le droit d'inscription à 5 francs
dans tous les syndicats.*

Maurel (Marseille). — Au dernier Congrès nous avons
passé beaucoup de temps à discuter cette question et après
deux heures de discussion, nous sommes arrivés à dire qu'il
était impossible de faire cette unification car dans certaines
villes la cotisation est très basse et il n'est guère possible
de l'augmenter. Je crains que nous n'aboutissions pas
davantage aujourd'hui, il vaut mieux ne pas s'attarder sur
cette question.

Bacqueville (Lille). Nous avons fait tout notre possible
pour mettre notre cotisation au taux de celle de Paris. Nous
n'y sommes pas parvenus. Le plus que nous avons pu
obtenir est 0,50 centimes. Je crois que si le Congrès portait
la cotisation à 1 franc, nos camarades n'accepteraient pas.

Bonneville (Bordeaux). L'année dernière, au Congrès,
j'avais proposé de porter la cotisation mensuelle à 1 franc,
car j'estime qu'un syndicat ne peut pas vivre, subvenir à ses
propres frais et payer à la fédération s'il n'a pas les ressources nécessaires. A Bordeaux nous avons porté le droit
d'entrée de 2 à 5 francs, mais nous avons conservé la cotisation de 0,50 centimes. J'estime qu'il faut nous efforcer d'élever
ce taux pour que nos syndicats ne soient pas obligés, le cas
échéant, de recourir à la caisse fédérale pour payer un
délégué chargé de venir défendre nos intérêts.

André (Lyon). J'insiste pour que cette question soit tranchée de suite. A Lyon de même qu'à Bordeaux, nous ne
pouvons pas nous suffire avec 0,50 centimes. Je demande
que dans tous les syndicats la cotisation mensuelle soit
fixée à 0,75 centimes.

Bailly (Angers). L an passé nous avons discuté sur cette
question, ainsi que le disait le camarade de Marseille, et
après la discussion nous n'étions pas plus avancés qu'avant.
On a laissé les syndicats libres comme avant. Du moment
qu'ils paient leur cotisation à la Fédération, celle-ci n'a pas
à s'occuper de savoir si la cotisation de chaque syndiqué est
de 0,50 centimes ou de 1 franc. Chaque syndicat fixe sa cotisation selon ses nécessité. Lorsque j'ai été de retour à
Angers, j'ai fait part du désir des congressistes de Bordeaux,
et il faut croire que j'ai su m'y prendre puisque nous avons
élevé notre cotisation à 1 franc et mis notre droit d'admission à 10 francs. Mais je le répète, ceci n'est pas une question

de Congrès, il faut laisser à chaque syndicat le soin de faire tout son possible pour élever sa cotisation.

Dumont (Orléans). Je partage absolument l'avis du camarade d'Angers. Nous avons en province beaucoup de syndiqués qui ne vivent pas exclusivement de musique. Il est très difficile de leur faire payer une cotisation élevée. Il faut laisser le syndicat libre sur cette question et ne pas la faire trancher par le Congrès.

Rey (Lyon). Je ferai remarquer que l'inégalité des cotisations offre un inconvénient en cas de mutation ; lorsqu'un camarade quitte une ville pour se rendre dans une autre où le taux n'est pas le même, cette différence peut donner lieu à des incidents fâcheux.

Gouly (Nantes). Je dirai au camarade Bailly que j'ai fait comme lui à l'issue du Congrès de Bordeaux. En rentrant à Nantes, je suis arrivé à faire porter la cotisation à 1 franc et le droit d'entrée qui n'était que de 2 francs a été élevé à 5 francs.

Quant à la dernière objection de Lyon, je ne la trouve pas sérieuse. Nous avons eu cette année un camarade venant de Lyon qui a fait sa mutation à notre syndicat, il n'a fait aucune objection pour payer la cotisation de 1 franc, alors qu'à Lyon il ne payait que 0,50 centimes.

Pour terminer je dirai que je ne vois pas trop s'il y aurait une grande utilité à décider l'unification.

Wild (Le Havre). Dans notre syndicat nous avons également essayé de faire élever la cotisation, mais nous nous sommes heurtés à un mauvais vouloir absolu. On nous répond que l'on préfère ne pas faire partie d'un syndicat plutôt que de payer une cotisation élevée.

Bonneville (Bordeaux), soutient l'augmentation et l'unification des cotisations, mais prévoit de nombreuses récriminations.

Guillet (Grenoble). Puisque les syndiqués de Paris paient 1 franc, je me demande pourquoi les syndiqués de province ne pourraient pas faire de même. Il y a à Paris des musiciens qui gagnent très peu, ils font néanmoins le sacrifice de payer 1 franc par mois. Si plus tard nous avions besoin de nouvelles ressources, par exemple pour répondre aux frais d'une Confédération, il faudra bien trouver les moyens nécessaires de répondre à cette augmentation. Puisqu'à Paris les musiciens de situation très modeste arrivent à payer 1 franc par mois, je demande que les musiciens de province fassent de même.

Darcq (Lille). Nous avons dans notre syndicat des collègues qui ne sont pas exclusivement musiciens ; la musique leur rapporte peu de chose, 20, 25 francs par mois peut-être. Prenez par exemple nos collègues qui jouent à la fanfare de scène du théâtre. Ces camarades trouveront excessif de payer plus de 0,50 centimes.

En ce qui concerne les mutations, la différence de cotisation est sans importance. Lorsqu'un camarade arrive dans une ville, il suffit de se rendre compte s'il est en règle avec le syndicat qu'il quitte et de l'obliger d'être à jour de ses cotisations.

Perret. Le Congrès de Bordeaux n'a pas abouti sur cette question et je vois d'après les observations des camarades que nous n'aboutirons pas davantage. Je demanderai seulement aux délégués de bien réfléchir sur cette question, car elle est importante. Examinez le taux des cotisations dans les fédérations qui marchent depuis longtemps, et vous verrez qu'il est beaucoup plus élevé que chez nous. Dans les pays étrangers la moyenne des cotisations syndicales est bien supérieure à la moyenne française. C'est un des défauts du syndicalisme français ; on n'aime pas mettre la main à la poche. Je voudrais que tous les délégués soient bien convaincus de la nécessité d'augmenter nos ressources, et qu'en rentrant dans leurs syndicats, ils fassent leur possible pour élever la cotisation.

Quand à l'observation du camarade Darcq, je répondrai que dans nos discussions nous devons toujours nous placer au point de vue purement professionnel. Les camarades qui gagnent très peu avec la musique ont d'autres ressources. Pensez aux musiciens qui sont exclusivement musiciens, et qui ont besoin d'être soutenus par la Fédération et les syndicats dans de nombreuses circonstances de leur vie professionnelle.

Guinand (Genève). Je prends la parole pour tâcher de terminer cette discussion. Le syndicat de Lyon veut unifier la cotisation dans tous les syndicats. C'est donc une proposition qui doit être formulée et à laquelle nous devons donner une sanction. Il faut que cette proposition revête la forme d'un article de loi, qu'elle ait une portée générale de nature à intéresser toute la Fédération, et par conséquent qu'elle entre dans les statuts fédératifs.

Je demande donc au syndicat de Lyon de rédiger sa proposition sous forme d'article de statuts.

Le Président. Je viens de recevoir une proposition du camarade Blanquart, délégué de Caen.

En voici la teneur :

Le Congrès invite les organisations de province à pour-
suivre par tous les moyens possibles l'élévation des cotisa-
tions à un franc par mois.

Bailly, (Angers). J'insiste beaucoup pour que les syndicats restent maîtres chez eux sur ce point. Du moment que
nous payons la cotisation à la Fédération, peu lui importe la
cotisation individuelle des membres du syndicat.

Castelain (Rouen). J'appuie ce que dit Bailly. Pour faire
respecter nos tarifs nous prenons dans nos syndicats des
collègues qui ne sont professionnels qu'incidemment. Nous
avons déjà assez de peine à les englober. Vous nous direz
que s'ils refusent de payer plus cher, c'est parce qu'ils ne
sont pas assez pénétrés de l'esprit syndical ; mais c'est justement pour les en pénétrer qu'il nous faut les avoir avec
nous.

Wild (Le Havre). Au Havre, c'est la sauvegarde des professionnels que tous les musiciens soient syndiqués ; car autrement ce seraient justement les non professionnels qui
feraient des bals et des soirées à tous prix.

Perret. Un mot pour répondre aux camarades Wild et
Castelain qui se sont mépris sur le sens de mes paroles. Je
n'ai jamais eu l'intention de dire que les non professionnels
syndiqués ne devraient pas être considérés comme les autres
syndiqués et encore moins que les syndicats pourraient se
passer d'eux. Tous les membres d'un syndicat ont les
mêmes droits, les mêmes devoirs. J'ai simplement voulu
faire remarquer que ces collègues ayant des situations ou
tout au moins des moyens d'existence en dehors de la profession de musicien, peuvent aussi bien que leurs camarades supporter une augmentation de cotisation.

Le Président. Je mets aux voix la proposition de
Caen.

La proposition de Caen est adoptée à l'unanimité.

Le Président. Avant de lever la séance permettez-moi,
camarades, de dire un mot en votre nom à nos collègues
étrangers qui ont assisté à cette séance. Je voudrais leur
dire que si la discussion a parfois été un peu vive, ils ne
doivent pas conclure à une mauvaise entente entre les représentants des syndicats français. Qu'ils sachent bien qu'en
France nous nous attachons tous à travailler à la réalisation
d'un idéal commun. Si quelques-uns de nos camarades ont
des procédés de discussion un peu vifs, nous sommes cependant heureux de les avoir parmi nous. Ce sont des militants

dont le dévouement aux idées syndicalistes nous est connu, et je suis sûr que nous ferons ensemble de la bonne besogne.

La question internationale sera traitée demain après-midi sous la présidence de notre éminent président d'honneur, le maître Gustave Charpentier. (*Applaudissements unanimes.*)

La séance est levée à 6 heures et demie.

TROISIÈME SÉANCE

10 mai, 9 heures du matin

Bureau : FLEURY, *président* ; GOULY et BLANQUART, *assesseurs.*

Le Président. J'ai l'honneur de vous présenter le camarade **Bertone**, de Milan. Je lui souhaite la bienvenue au nom du Congrès, et le remercie d'avoir bien voulu nous apporter le concours de sa bonne camaraderie. (*Applaudissements*).

Bertone. Je vous prie de m'excuser de ne pouvoir vous répondre longuement, faute de ma connaissance complète de la langue française. Je vous remercie au nom des camarades de Milan, et assure les délégués français de toute la sympathie des fédérés italiens.

Gouly, (Nantes). Je voudrais vous entretenir d'une question qui ne figure pas à l'ordre du jour, mais qui a cependant besoin d'être résolue.

Je serai très bref. Le syndicat de Nantes, qui s'est formé en 1898, avait déjà donné de nombreuses preuves d'énergie. Il a échoué dans son conflit de 1901 par la faute de plusieurs syndiqués de Paris, qui acceptèrent un engagement à Nantes. Notre syndicat n'a pas voulu garder rancune aux coupables ; il s'est efforcé de terminer le conflit dans de bonnes conditions. Vis à vis des collègues parisiens, il a fait deux parts : d'un côté ceux qui, bien qu'ayant aussi mal agi que les autres, en venant à Nantes, n'avaient pris que des emplois vacants ; de l'autre côté, ceux qui prenaient des emplois dont les titulaires faisaient grève. Mon syndicat m'a chargé de soumettre au Congrès le cas de ces derniers.

En ce moment il n'en reste qu'un, les autres s'étant décidés à quitter Nantes pour restituer leur emploi aux Nantais. Le collègue qui reste est frappé d'index par le syndicat de Nantes ; mais il appartient toujours à celui de Paris. C'est cette situation que nous voudrions voir cesser.

Prévost (Paris). Lorsque le syndicat de Nantes mit à l'index le collègue *Delacour*, nous avons décidé qu'une lettre recommandée serait adressée à ce dernier pour lui demander d'expliquer sa conduite. Il nous répondit avec force détails. Il s'étendit sur la saison 1901, nous fit savoir dans quelles conditions il fut réengagé en 1902, de là il passait à l'engagement 1904, en glissant sur l'année 1903. Il termina en nous disant que, pour 1904, il prenait la place d'un collègue décédé. Si l'on compare la conduite de Delacour, qui resta à Nantes malgré les observations du syndicat de Paris, à celle de Leblanc, par exemple, on voit qu'il n'est pas le seul coupable, qu'il y en a d'autres et que le syndicat de Nantes n'a jamais demandé leur radiation.

Delacour écrivit une seconde lettre d'explications, mais il passait toujours sous silence le réengagement pour l'année 1903. La question de radiation est assez grave pour que beaucoup d'entre nous se soient trouvés émus. Dans sa séance du 7 mai dernier, le conseil syndical de Paris prit la résolution suivante :

« *Considérant que Delacour n'habite plus Paris, qu'il est installé à Nantes d'une façon définitive, nous, syndicat de Paris, ne pouvons plus considérer Delacour comme syndiqué à Paris.* »

De ce jour, Delacour était considéré comme démissionnaire du syndicat de Paris. Si Delacour ne fait plus partie du syndicat de Paris, la situation devient nette, il n'est plus fédéré, et c'est tout ce que demande Nantes.

Gouly, (Nantes). Delacour ne verse pas ses cotisations, ni à Paris, ni à Nantes, il ne se conforme donc pas aux statuts de la Chambre syndicale.

Le Président. On pourrait invoquer le fait de non-paiement des cotisations.

Perret. Il n'y a pas que Delacour qui ait mal agi, d'autres musiciens ont tout aussi mal agi que lui, et le syndicat de Nantes continue à les garder. C'est ce qui étonne les conseillers syndicaux de Paris.

Gouly. Je vous ai dit pourquoi nous avons fait deux parts. Nous avons cru bien faire. Nous avons gardé ceux qui n'avaient pas fait de tort, et avons demandé le renvoi des autres, Delacour est de ceux-là.

Le Président. Dois-je soumettre au Congrès la radiation pour les faits qui se sont passés à Nantes.

Bailly (Angers). Demandez la radiation pour le cas de non paiement des cotisations. Il ne fallait pas faire deux poids, ni deux mesures. La question de radiation est très grave, si on radie le collègue Delacour, cela ne peut être que pour le cas de non paiement.

Le Président. Alors c'est l'affaire du syndicat de Paris et non du Congrès.

Prévost. Je demande la priorité pour la proposition du syndicat de Paris. Le syndicat considère Delacour comme démissionnaire, parce qu'il n'habite plus Paris.

Bailly, (Angers). Il a pris la place de quelqu'un, mais il ne l'a pas prise à plus bas prix.

Le Président. La solution que vous présente le syndicat de Paris satisfait-elle le Congrès pratiquement? Je mets aux voix la proposition du syndicat de Paris.

Le Congrès accepte la mesure prise par Paris et passe à l'ordre du jour.

Adoption des nouveaux statuts.

Le camarade Rey (Lyon), donne lecture de chaque article.

Article 1er
Les organisations syndicales d'artistes musiciens qui adhèrent aux présents statuts, déclarent former une Fédération ayant pour titre : *Fédération des Artistes Musiciens de France.*
Le siège social est fixé à Paris, Bourse du Travail, 3, rue du Château-d'Eau.

L'article 1er est adopté.

Article 2
La Fédération a pour but de :
1° Établir des relations professionnelles entre les organisations syndicales adhérentes ;
2° Combattre l'avilissement des appointements ;
3° Mettre en œuvre tous les moyens dont on pourra disposer pour augmenter le nombre des syndicats d'artistes musiciens et engager lesdits syndicats à s'organiser, de façon à pouvoir réclamer près de qui de droit les formations d'orchestres pour le compte des communes, du département et de l'Etat ou tout au moins leur constitution par des directeurs ou chefs d'orchestre payant les tarifs syndicaux ;
4° Constituer une solidarité entre toutes les sociétés similaires, afin que le sociétaire trouve partout aide et protection.

Bonneville demande que les mots *sociétés similaires* contenus dans le paragraphe 4, soient remplacés par le mot syndicat. Cette modification devra s'appliquer à tous les articles contenant ces mots.

L'article 2 est adopté avec la modification proposée par Bonneville.

Article 3

Seuls seront admis les Syndicats constitués d'après la loi du 21 mars 1884 sur les Associations professionnelles.

La Fédération ne reconnaît qu'un seul Syndicat par ville, lequel Syndicat doit être ouvert à tous les artistes musiciens de la ville et ne pas être exclusif à un seul orchestre.

L'article 3 est adopté sans discussion.

Article 4

En demandant leur admission, ces organisations devront envoyer deux exemplaires de leurs statuts, indiquer la date et le numéro du dépôt légal à leur Préfecture ou Mairie, le nombre de leurs adhérents ainsi que la date de leurs Assemblées générales.

Les statuts seront communiqués au Comité fédéral qui examinera s'ils ne sont pas contraires aux principes fédératifs.

Adopté.

Article 5

Toute Société adhérente conserve sa liberté et son indépendance; en un mot, elle est complètement autonome, la Fédération ne devant s'occuper que des questions générales.

Adopté.

Article 6

Tout syndicat fédéré qui viendrait à se dissoudre devra verser son avoir en dépôt à la Caisse fédérale, nonobstant toute clause contraire des statuts de ce syndicat.

Ce dépôt sera conservé pour être versé au syndicat qui pourrait éventuellement se reformer dans la même ville et adhérer à la Fédération.

Perret. Une petite explication est nécessaire. Le Comité Fédéral n'a pas pris de décision ferme sur l'article 6, notamment en ce qui concerne l'attribution des fonds d'un syndicat dissous. Voici les diverses opinions qui ont été exprimées. Quelques camarades ont demandé que le versement à la Caisse fédérale soit définitif; d'autres veulent que le dépôt soit fait à condition de retour à un nouveau syndicat, et enfin on a demandé que le dépôt ne devienne définitif qu'après un laps de temps à fixer.

C'est au Congrès à examiner ces trois propositions.

Guinand (Genève). C'est pour soutenir l'une de ces propositions que je prends la parole. Je crois qu'il est absolument nécessaire de garder cet argent quelque temps dans a caisse fédérale pour le reverser à un syndicat qui se reformerait dans la même ville, et qui adhérerait a la Fédération. Mais supposez qu'un syndicat disparaisse dans une ville et qu'il ne s'en reforme jamais, l'article 6 est inapplicable dans sa forme actuelle.

Il faut donc fixer un délai ; passé ce délai, les sommes versées seront acquises à la caisse du Comité fédéral. Quant à la durée du délai, il est assez difficile de la déterminer immédiatement. Le délai de deux ans serait un peu court, parce que, lorsqu'un syndicat se dissout, les raisons qui ont motivé sa dissolution sont toujours assez graves pour qu'il ne s'en reforme pas un autre dans un délai de deux ans. Mettez cinq ans, dix ans si vous voulez.

Gouly. Je demande au camarade Perret ce qui a motivé la rédaction de cet article.

Perret. Nous avons pensé que les camarades qui ont participé pendant un certain temps à alimenter la caisse d'un syndicat seraient heureux, s'ils voyaient péricliter leur œuvre locale, qu'il en reste quelque chose à la collectivité. C'est pourquoi nous avons pensé que les fonds devraient revenir à la Fédération, et non pas être répartis entre les survivants d'un syndicat qui disparaît, car il se pourrait que ces derniers soient des syndiqués de fraîche date, n'ayant aucun droit réel à profiter des fonds.

Bailly. C'est généralement pourquoi un syndicat ne se reforme pas ; c'est parce que les fonds ont été partagés entre les témoins de la dernière heure. J'ajoute que je ne vois pas la nécessité de verser les fonds au Comité fédéral, les derniers syndiqués peuvent très bien garder l'argent pour le verser eux-mêmes à la caisse d'un nouveau syndicat.

Prévost. Je ferai observer que la Chambre syndicale de Paris n'a pas prévu le cas de dissolution : si on réfléchit quelques instants, on sent que c'est une chose qui ne doit pas se présenter. Quand bien même les membres d'un syndicat seraient réduits à deux ou trois, ils seraient syndiqués.

Pendant longtemps, on a cru mort le Syndicat de Pau, et un beau jour on s'est aperçu qu'il vivait.

Perret. L'exemple de Béziers nous montre qu'un syndicat peut très bien se dissoudre ; nous nous rallions au camarade Guinand, et nous appuyons son adjonction qui prévoit un délai de cinq ans, après lequel le dépôt sera définitivement acquis à la caisse fédérale.

Guinand. Beaucoup de syndicats ont la rage d'inscrire

dans leurs statuts qu'en cas de dissolution les fonds iraient à une œuvre de charité.

Nous ne voulons pas que nos fonds aillent à des œuvres de charité particulières. Supposez que nos fonds aillent remplir la caisse d'une société fondée pour les enfants abandonnés ! Est-ce pour cela que nous nous sommes syndiqués ?

Schlosser et **Blanquart** demandent qu'on supprime dans l'article la phrase suivante : « nonobstant toute clause contraire des statuts de ce syndicat. »

Guinand. Je me rallie au camarade Blanquart.

Par 25 voix contre 5, la proposition présentée par le camarade Guinand, ainsi conçue, est adoptée :

Tout Syndicat fédéré qui viendrait à se dissoudre devra verser son avoir en dépôt à la Caisse fédérale. Ce dépôt sera conservé pour être versé au Syndicat qui pourrait éventuellement se reformer dans la même ville et adhérer à la Fédération.
Si aucun Syndicat ne se reforme dans cette ville dans un délai de cinq ans à partir de la dissolution du précédent, les fonds seront acquis à la Fédération.

Article 7

Les ressources de la Fédération proviennent des cotisations versées par les organisations syndicales adhérentes, des dons particuliers ou collectifs et des subventions.

Adopté.

Article 8

Sur l'avis de plusieurs membres du Congrès, qui considèrent que les modifications à apporter à cet article sont connexes avec celles qui seront apportées dans la suite des statuts, on remet à plus tard la discussion de cet article.

Chapitre Administration (adopté au Congrès de Bordeaux).

Article 9

La Fédération des Artistes Musiciens de France est administrée par un Comité fédéral siégeant à Paris.

Adopté sans observations.

Article 10

Le Comité fédéral est formé par les représentants des Syndicats fédérés. Chacun de ces syndicats, quel que soit le nombre de ses membres, n'a droit qu'à un seul représentatant au Comité fédéral.

Les délégués au Comité fédéral sont élus chaque année au mois de novembre par les syndicats. Les délégués sortants sont rééligibles.

Bonneville. Je demande qu'en aucun cas, les membres du Comité fédéral ne puissent faire partie du Conseil syndical de Paris. Ceci, afin d'éviter que, dans un conflit entre organisations, on puisse supposer les membres du Comité fédéral influencés par le courant d'idées qui existent dans leur conseil syndical.

Perret. En principe, je suis de l'avis de l'avis de Bonneville, mais pour le moment, on ne peut guère appliquer cette proposition, ce serait nous mettre dans un singulier embarras pour le recrutement des membres du Comité fédéral. Plus tard, lorsque les militants seront plus nombreux, on pourra alors reprendre cette proposition. Je demande au camarade Bonneville de bien vouloir se contenter d'une motion transactionnelle, celle-ci par exemple : Les membres du Conseil syndical de Paris n'excèderont pas la moitié du Comité fédéral.

Bonneville. Je répète que cette proposition a été faite pour éviter toute suspicion, elle m'a été dictée par Bordeaux, il était donc de mon devoir de la faire connaître au Congrès. Si les membres de la Chambre des députés faisaient partie du Sénat, il est évident que toutes les propositions de la Chambre passeraient au Sénat. (*Rires*).

Prévost. Paris comprend absolument la proposition du camarade Bonneville ; nous demandons cependant de l'ajourner pour les raisons indiquées par Perret et de voter l'article tel qu'il est présenté.

L'adjonction présentée par le camarade Bonneville est rejetée.

L'article est adopté sans modification.

Article 11 (modifié par *referendum* en mars 1904)

Le Comité fédéral nomme chaque année, au mois de décembre :

Un Secrétaire ;
Un Trésorier.

Cousin. Je demande qu'on élise un président, un vice-président, un secrétaire, un trésorier.

Bailly. Demandez au délégué de Caen, s'il a reçu une lettre de son syndicat pouvant lui faire croire que la situation est mauvaise, parce qu'il n'y a qu'un secrétaire et un trésorier.

Blanquart. Au contraire.

Bailly. Nous avons un président honoraire, il est musicien, mais il n'exerce pas, ses moyens lui permettent de ne plus pratiquer.

Cousin. Nous n'insistons pas sur la personnalité du président qui pourra être élu ; nous demandons une présidence à la tête de la Fédération ; c'est la fonction qui nous occupe.

Ruggiery. J'ai toujours considéré la fonction de président comme antidémocratique. Allez demander dans chacun des bureaux des syndicats de la Bourse du travail ce qu'on pense de la fonction de président! Les syndicats sont malades de la présidence !

Je vous en parle en connaissance de cause. L'expérience est là.

Le Président. Je prie le camarade Ruggiery de ne pas juger d'une manière aussi détachée les sociétés de province qui ont des présidents à leur tête ; il n'est pas nécessaire de les attaquer avec autant de vivacité.

Ruggiery. J'ai peut-être été un peu loin ; mais lorsqu'on aborde cette question, c'est plus fort que moi.

Guinand. Un président est nécessaire pour diriger les débats du Comité ; mais si le secrétaire ou le trésorier suffisent à cette tâche, il n'est pas nécessaire de désigner un président.

Perret. Il est évident que les séances du Comité fédéral doivent être dirigées par un président ; mais puisque à cela seulement se borne la fonction, il est inutile d'avoir un président permanent. Nous avons pensé que tous les membres du Comité fédéral pouvaient être, à tour de rôle, présidents de séance, et la méthode qui se présente le plus naturellement est de les prendre en suivant l'ordre alphabétique. Le secrétaire et le trésorier sont seuls exclus de ce tour de rôle et, contrairement à ce que disait le camarade Guinand, ne président jamais les séances du Comité fédéral.

La proposition Cousin est repoussée.

L'article 11 est adopté.

Article 12

Le Comité fédéral se réunit en séance ordinaire une fois par mois, et en cas d'urgence sur convocation spéciale de son bureau.

Adopté.

Article 13

Le bureau du Comité fédéral devra avertir d'office le Syndicat dont le délégué n'aura pas assisté à deux séances consécutives du Comité fédéral.

Adopté.

Article 14

Les attributions du Comité fédéral sont :

1° De veiller à l'exécution des présents statuts, aux intérêts moraux et matériels de la Fédération et de prendre toutes les mesures nécessaires pour leur défense ;

2° De faire tous ses efforts pour protéger les tarifs adoptés par les syndicats locaux, et de faire connaître ces tarifs à tous les syndicats fédérés ; empêcher en cas de conflit le recrutement de musiciens destinés à remplacer les grévistes, et soutenir ces derniers soit par appui pécuniaire, soit en leur procurant du travail ;

3° De prendre les mesures nécessaires pour arriver à l'application des décisions des Congrès :

4° De rédiger et d'administrer le journal fédéral : *Le Courrier de l'Orchestre* ;

5° D'entretenir des relations avec les fédérations étrangères dans le sens des conventions adoptées par les Congrès ;

6° De faire toute la propagande nécessaire pour que de nouveaux syndicats de musiciens soient fondés :

7° De fixer la date et l'ordre du jour du Congrès.

Adopté par paragraphes.

Cousin propose l'adjonction suivante à l'article 14 :

Les délégués au Conseil fédéral ne doivent défendre au sein du Conseil que les idées qu'ils sont chargés de représenter, à l'exclusion de toutes autres.

Ils ne devront jamais voter sans avoir pris au préalable l'avis spécial et formel des organisations dont ils dépendent.

Toutefois ils pourront délibérer dans les questions urgentes, mais leur vote devra, dans ce cas, être soumis à la ratification de leur syndicat.

Les votes au sein du Conseil fédéral devront être consignés nominativement dans les procès-verbaux.

Perret propose une adjonction qui pourra donner satisfaction aux syndicats :

Les votes au Comité fédéral devront être faits par appel nominal et figurer dans les procès-verbaux publiés par *Le Courrier de l'Orchestre*.

Bonneville demande que les syndicats reçoivent communication des ordres du jour du Comité fédéral quelques jours avant la séance. Il se plaint que les délégués ne connaissent pas suffisamment les organisations qu'ils représentent.

Bailly. Faites une enquête sur la conduite syndicale de

votre délégué et ensuite ayez pleine confiance en lui. Au besoin faites la dépense de son voyage chez vous, vous saurez ainsi ce qu'il vaut.

L'adjonction Perret, à laquelle se rallie Cousin, est adoptée.

Chapitre *Congrès*. — Article 15

Un Congrès aura lieu tous les trois ans, au mois de mai.

Les membres de ce Congrès seront désignés par chaque organisation adhérente dans la proportion suivante :

Un délégué par centaine de membres (ou fraction indivisible), sans que le chiffre de cinq délégués puisse être dépassé.

Le Comité fédéral sera représenté au Congrès par ses deux fonctionnaires qui auront voix délibérative au même titre que les délégués des syndicats.

Adopté.

Article 16 (Proposé).

La ville où doit se tenir le Congrès est désignée à tour de rôle par voie de tirage au sort et par élimination.

Cousin. Je demande que les Congrès aient toujours lieu à Paris ; c'est beaucoup plus pratique pour tout le monde. En conséquence je demande la suppression de l'article 16 et la modification comme suit de la première phrase de l'article 15.

« Un Congrès aura lieu tous les trois ans, *à Paris*, au mois de mai. »

Adopté.

(L'article 17 du projet devient l'article 16 par suite de la suppression de celui-ci).

Article 16.

Tous les syndicats fédérés doivent être représentés directement (et non par délégation au Congrès.

Les frais de voyage et de séjour des délégués au Congrès sont à la charge de la Caisse fédérale à raison de *un délégué* par syndicat.

Les syndicats qui désireront envoyer plusieurs délégués devront prendre à leur charge les frais des délégués supplémentaires.

Les frais de délégation ne seront payés qu'aux syndicats adhérents à la Fédération depuis au moins un an. Les syndicats n'ayant pas accompli ce stage devront prendre à leur charge les frais de leur délégation.

Bonneville trouve trop long le stage de un an imposé aux syndicats.

Guinand propose de le réduire à six mois.

Bailly appuie la modification proposée par Guinand, car, c'est surtout lorsque les syndicats sont jeunes, qu'il faut les soutenir et les encourager.

L'article 16 modifié est adopté.

Article 17.

Le Congrès devra se réunir extraordinairement lorsque les deux tiers des syndicats adhérents le demanderont. Dans ce cas, les frais de délégation incomberont aux syndicats qui se feront représenter.

Le Comité Fédéral peut prendre l'initiative de cette demande de convocation, lorsque les questions en litige ne pourront avoir de solution sans discussion verbale.

Dans ce dernier cas, les frais incomberont à Caisse fédérale.

Adopté.

Article 18.

Toute proposition devra, pour figurer à l'ordre du jour, parvenir au Comité fédéral quinze jours au moins avant la date fixée pour le Congrès.

Le Comité fédéral est chargé de faire parvenir dans le plus bref délai aux organisations adhérentes l'ordre du jour définitif.

Bailly demande que les proportions devant figurer à l'ordre du jour soient adressées au bureau fédéral un mois au moins avant la date du Congrès.

Bonneville appuie la proposition Bailly.

L'article 18 est adopté, modifié comme suit:

Toute proposition devra, pour figurer à l'ordre du jour, parvenir au Comité fédéral un mois avant la date fixée pour le Congrès.

Le Comité fédéral est chargé de faire parvenir aux organisations adhérentes l'ensemble des propositions quinze jours au moins avant le Congrès.

Article 19.

Les Sociétés non fédérées, ainsi que les Fédérations et les Sociétés étrangères qui seraient invitées à assister au Congrès, n'ont que voix consultative.

Adopté.

Article 20.

La Fédération reconnaissant que les grèves sont généralement ruineuses pour les deux parties, fera tous ses efforts pour les éviter et tentera, par tous les moyens en son pouvoir, d'aboutir à une solution amiable.

En cas de conflit entre artistes musiciens et directeurs, la cessation du travail ne doit avoir lieu qu'avec l'autorisation du bureau syndical local.

Adopté.

Article 21.

Tout conflit doit être signalé au Comité Fédéral qui avisera immédiatement les syndicats fédérés et qui emploiera de suite tous les moyens qu'il jugera convenables pour empêcher l'engagement des remplaçants.

Adopté avec l'adjonction suivante proposé par *Prévost*.

... Qui avisera immédiatement les syndicats fédérés *et les fédérations étrangères*, etc.

Article 22.

Le syndicat de la ville où a éclaté le conflit, peut, de son autorité, aviser toutes les autres organisations fédérées et leur adresser un exposé des faits.

Adopté.

Article 23.

Pendant le conflit, si le Comité fédéral le jugeait nécessaire, un ou plusieurs délégués pourraient être envoyés sur place ; ces délégués devront s'employer pour arriver, le plus promptement possible à la conciliation des parties.

Bailly dit qu'il y a des militants de province qui peuvent aussi bien que ceux de Paris être envoyés en délégation pour un conflit. Il est cependant d'avis de laisser le choix du délégué du Comité Fédéral qui est mieux à même de juger cette chose-là.

Perret. Le Comité fédéral doit être au courant de tous les conflits ; il est indispensable qu'il sache comment un conflit a éclaté et comment il est dirigé. Il faudrait laisser au Comité fédéral la liberté d'envoyer un délégué s'il le juge à propos.

Cousin Nous voulons discuter nos affaires nous-mêmes.

Perret. C'est entendu. Mais cependant, si un conflit ne réussit pas, c'est au Comité fédéral que vous vous adresserez pour avoir de l'argent et des conseils. Le cas s'est déjà présenté assez souvent. Il vaut mieux vous adresser au Comité fédéral avant la crise ; et puisque vous lui demanderez de l'argent, laissez-lui un contrôle sur la marche de votre conflit. Les délégués qui sont étrangers au conflit peuvent souvent trouver des solutions amiables. Nous savons par expérience que la visite d'un délégué chez un directeur pour exposer des revendications qui ne le touchent pas personnellement, n'est jamais nuisible aux intérêts des camarades.

Guinand. Lorsque surgissent des difficultés, il faut, pendant qu'il est encore temps de les aplanir, que le Comité fédéral envoie un arbitre pour essayer de concilier les deux parties. Ce délégué doit procéder aux tentatives de conciliation avant le conflit ; il doit être reçu par les deux parties comme un conciliateur.

Cousin dépose l'adjonction suivante à l'article 23 :

« Les syndicats devront s'employer à régler personnellement leurs grèves et conflits avec les directions théâtrales et ce n'est que si toutes les demandes faites pour arriver à conciliation n'ont pas abouti, que les syndicats pourront demander un délégué à la ville la plus voisine, afin d'éviter de grosses dépenses pour la Fédération.

« Dans certains cas, si le syndicat ne peut supporter tous les frais, en raison de la pénurie de la caisse, le *quantum* à lui faire supporter sera fixé par le Congrès. »

L'article 23 présenté par le Comité fédéral a la priorité. Il est adopté.

Article 24

Tout cas de cessation de service devra être exposé au Comité fédéral, qui jugera de son bien-fondé et des suites à y donner.

Adopté.

Sur la demande du secrétaire et du trésorier, les articles 25, 26 et 26 sont réservés pour être discutés ultérieurement.

La séance est levée à midi.

QUATRIÈME SÉANCE

Mardi 10 mai, 2 h. 1/4 après-midi

Président : FLEURY ; Assesseurs : GOULY, BLANQUART

Le Président. Camarades, nous continuons la discussion sur les Statuts. Nous en sommes au chapitre SECOURS DE VOYAGE, article 28, ainsi conçu :

Lorsqu'un fédéré se trouvera par engagement éloigné de son syndicat local et qu'il sera victime d'une faillite, d'une fermeture brusque d'établissement, etc., il pourra s'adresser au Syndicat fédéré le plus rapproché pour obtenir les secours nécessaires à son retour dans sa résidence habituelle, ou dans une autre localité pour laquelle il aurait un engagement ferme.

Poudroux (Paris). Je demande que l'on n'aborde pas de suite la discussion sur ce chapitre et que l'on veuille bien attendre pendant quelques instants l'arrivée de notre camarade Prévost, qui pourrait avoir des observations à présenter au nom de Paris.

Le Président. Je ferai remarquer que la séance a été fixée à 2 heures précises et j'insiste pour que les délégués soient très exacts. Il y a ici quatre délégués de Paris qui ont qualité pour présenter des observations malgré l'absence du camarade Prévost.

Poudroux. Le camarade Prévost a en mains tous les documents de la délégation de Paris. Nous pourrions, en l'attendant, examiner un autre chapitre.

Perret. Le camarade Poudroux n'est même pas certain que son co-délégué ait des observations à présenter ; nous pouvons toujours commencer la discussion, car d'autres délégués auront certainement des observations à faire. Le chapitre a pour but de venir en aide aux musiciens en détresse par suite des mauvaises affaires de leurs directeurs, secours qui leur permettra de regagner leur résidence habituelle.

Bonneville (Bordeaux). Il n'est pas dit, dans cet article 28, s'il s'applique à un camarade habitant l'étranger. Et s'il s'agit d'un fédéré étranger, lui devrons-nous des secours depuis son point de départ jusqu'à son point d'arrivée ? Il faudrait alors que les Fédérations étrangères participassent, le cas échéant, à une quote-part pour ces frais de rapatriement.

Le Président. Je ferai remarquer au camarade Bonneville que nous discutons en ce moment les questions n'intéressant que la Fédération française. Libre à nous ensuite d'appliquer ces dispositions au fonctionnement de la Confédération Internationale lorsqu'elle sera constituée, ce que, pour ma part, je désire vivement.

L'article 28, mis aux voix, est adopté.

Article 29.

Le Syndicat à qui cette demande est adressée doit faire une enquête des plus sévères pour en examiner le bien-fondé.

Il n'accordera un secours qu'après s'être assuré que le collègue qui le sollicite n'a pas touché sa dernière quinzaine, qu'il se trouve sans ressources et que ces circonstances ne sont dues ni à sa mauvaise conduite ni à ses mauvais services.

Adopté sans discussion, à l'unanimité moins 5 voix, les délégués de Paris s'étant abstenus.

Poudroux (Paris). Je renouvelle, au sujet de cet article, ma protestation précédente.

Le Président. Je regrette, au nom du Congrès, que les délégués de Paris présents n'aient pas en mains les pièces nécessaires pour discuter ce chapitre. Dans ces conditions, il était au moins inutile de désigner cinq délégués.

Poudroux. Je proteste formellement contre les paroles du président. La Chambre syndicale de Paris est représentée ici par cinq délégués. Nous nous sommes réunis pour étudier les questions à l'ordre du jour, nous avons nommé un rapporteur qui a pris des notes après nous avoir consultés. Nous ne pouvons avoir tous les cinq les documents nécessaires. Vous pouvez passer outre aux débats, mais, en mon nom personnel, je proteste.

Le Président. La protestation du camarade Poudroux figurera donc au procès-verbal en son nom personnel.

L'article 29 étant adopté, nous passons à l'article 30.

Article 30.

En aucun cas le secours de voyage ne pourra dépasser... (chiffre réservé).

La somme totale que pourra toucher un fédéré dans le courant d'une année ne peut être supérieur à... (id.)

Passé cette somme le collègue devra attendre dix-huit mois avant d'avoir droit à un nouveau secours de voyage.

Guillet (Grenoble). Il peut arriver qu'un collègue engagé par une direction qui fait faillite, tombe une seconde fois sur une autre direction qui fait également faillite. Il serait regrettable de laisser ce camarade sans ressource dans une ville éloignée, sous prétexte qu'il ne pourrait être rapatrié, le délai de 18 mois n'étant pas expiré depuis le dernier rapatriement. Nous ne devons pas fixer de date ni de limite quand il s'agit de rendre un service de cet ordre. C'est une question de philanthropie. Je demande la suppression du laps de temps pendant lequel le secours de voyage ne pourra être accordé.

Le Président. Vous demandez donc la suppression des deuxième et troisième paragraphes de l'article.

Bonneville (Bordeaux). Il reste à savoir si notre caisse fédérale est assez riche pour pouvoir supporter ces dépenses. Je crois que tous, nous sommes assez bons camarades pour faire le nécessaire pour rapatrier un camarade en détresse. Mais il ne faut pas que ce secours ait l'air d'une aumône, il faut qu'il soit un droit acquis. Les secours donnés par une Chambre syndicale revêtent trop la forme d'aumône. Je voudrais voir cet état de choses disparaître et je serais heureux de voir que la Fédération prend ces secours à sa charge.

Perret. Le camarade Bonneville demande si la Fédération est à même de faire face à ces nouvelles charges. C'est là, en effet, une question budgétaire très importante. Je demande qu'on la réserve jusqu'au moment où nous discuterons en bloc les prévisions budgétaires que doit nous présenter le camarade Leriche, au nom du Comité Fédéral. Je demande le maintien de la limitation des secours. Je conviens qu'il serait préférable de ne pas limiter, mais comme nous ne pouvons pas faire *tout*, faisons tout au moins ce qu'il nous est possible de faire.

Nous pourrions réserver cette discussion jusqu'à ce que le trésorier nous ait fait connaître les sommes dont nous disposerons.

L'article 30 est réservé.

Article 31.

Le secours de voyage sera rigoureusement refusé au collègue qui, par sa faute, sera en retard dans le paiement de ses cotisations. Il ne sera accordé qu'au fédéré dont l'adhésion remonte au moins à un an.

Blanquart (Caen). Je propose cette modification :

« ... Il ne sera accordé qu'au fédéré dont l'adhésion remonte au moins à *six mois*. »

Je trouve excessif qu'un fédéré soit obligé d'attendre un an pour avoir droit au secours.

Le Président. Le projet de statuts que nous discutons est présenté par le Comité Fédéral. Je crois qu'il serait utile, lorsque des modifications sont demandées, que quelqu'un défende le projet au nom du Comité Fédéral.

Perret. Le Comité Fédéral a voulu établir le principe du *noviciat*. Nous ne nous opposons pas à la réduction de ce noviciat à six mois, ainsi que le demande le camarade Blanquart.

Le Président met aux voix *la réduction à six mois*. Adopté à l'unanimité moins six voix.

Dumont (Orléans). Je demande une explication au sujet du 1er paragraphe de l'article 31. C'est une anomalie que de refuser un secours de voyage au collègue qui n'a pas d'argent pour payer sa cotisation. C'est précisément celui-là qui a besoin de secours. Jusqu'à quel point pourra-t-on dire qu'il est en retard de ses cotisations « par sa faute ».

Schlosser (Brest). Le syndicat devra faire une enquête pour savoir si ce collègue a payé ses cotisations tant qu'il a travaillé et a été payé pour son travail.

Prévost (Paris). Si l'on examine les statuts des syndicats, on constate que tous sont d'accord sur ce point : que les avantages du syndicat ne seront point accordés aux adhérents non à jour de leurs cotisations. Or, comment pourrait-on leur accorder des avantages *fédéraux* si leur propre syndicat leur refuse des avantages *syndicaux* ? Il n'est pas question de philanthropie lorsqu'il s'agit de collègues n'ayant pas payé leurs cotisations quand ils pouvaient le faire. S'il leur arrive d'être mis en « panne » par un directeur, ce n'est évidemment pas de leur faute, mais ils n'en restent pas moins fautifs vis-à-vis du syndicat pour être en retard dans leurs cotisations. La rédaction de l'article 31 est assez claire.

Le Président met aux voix l'ensemble de l'article 31, qui est adopté à l'unanimité, moins *deux voix*.

Article 32.

Chaque fois que le bureau d'un syndicat accordera un secours de voyage, il en informera immédiatement le Comité Fédéral, et indiquera dans le livret de l'adhérent, sur un feuillet *ad hoc*, la somme touchée et la date.

Adopté sans discussion à l'unanimité.

Article 33.

Les sommes ainsi déboursées par les syndicats leur seront remboursées intégralement par la Fédération.

Toutefois, lorsque le Comité Fédéral s'apercevra qu'un secours a été accordé indûment à la suite d'une enquête mal faite, il pourra le laisser supporter par le syndicat qui l'aura donné.

Adopté à l'unanimité.

Article 34.

Le fédéré qui, par de fausses déclarations cherchera à obtenir frauduleusement un secours de voyage, sera radié de la Fédération par décision du Comité Fédéral. Son nom figurera au *Courrier de l'Orchestre*, ainsi que sur une liste affichée au siège de chaque syndicat.

Adopté à l'unanimité.

Le Président. Camarades, je vous propose de suspendre la discussion de nos statuts, puisque nous venons de terminer le chapitre : Secours de voyage. Nous avions réservé cette séance pour la discussion internationale, je vous demande de commencer de suite cette discussion puisque nos collègues étrangers sont tous présents.

Barrère (Comité Fédéral). Notre président d'honneur, Gustave Charpentier, a bien voulu accepter de présider la séance internationale. Il est à peine deux heures et demie, il vaut mieux attendre la présence de Gustave Charpentier pour commencer la discussion.

Le Président. Alors continuons la discussion des statuts par le chapitre : Secours judiciaires.

Article 35

Secours judiciaires. — Lorsqu'un fédéré se trouvera dans la situation prévue à l'article 28, il pourra demander l'appui judiciaire au syndicat le plus rapproché du lieu du conflit.

Cet appui ne sera accordé qu'après une enquête sérieuse et après avis favorable du Comité fédéral.

Seuls auront droit au secours judiciaire, les adhérents dont les cotisations sont à jour et dont l'adhésion remonte à un an. Les articles 32, 33 et 34 des présents statuts sont applicables à l'appui judiciaire.

Bonneville (Bordeaux). Je demande que le noviciat soit réduit à six mois, comme on l'a fait pour les secours de voyage.

L'article 35 avec la modification de Bordeaux est adopté à l'unanimité moins deux voix.

Le Président. Camarades, j'ai le plaisir de vous présenter le maître Gustave Charpentier qui nous fait l'honneur de venir présider nos travaux pour la question internationale. Je suis heureux au nom de vous tous de lui présenter l'hommage de notre admiration et de notre fraternelle gratitude.

Gustave Charpentier. C'est avec une vive joie que je viens parmi vous, camarades. Vous allez m'instruire. Je suis les progrès de la Fédération depuis sa fondation et sais qu'elle est en très bonne voie. J'espère que d'ici peu nous aurons une association encore plus grande. Travaillez, je serai toujours de cœur avec vous, vous pouvez y compter.

Le Président. Camarades, le maître me prie de continuer à diriger la discussion.

Le Comité fédéral a chargé le camarade Seitz de présenter un rapport sur la question internationale, je donne la parole à Seitz.

Seitz (Comité Fédéral). Le Comité Fédéral, en me chargeant de présenter au Congrès un rapport sur la possibilité d'une Confédération internationale, m'a imposé une tâche des plus agréables... mais aussi des plus difficiles. Nombreux en effet sont les points de vue auxquels on peut, auxquels on doit se placer, et telle image semble correcte qui se déforme, aperçue sous un autre angle. Je vais essayer d'envisager la question sous le plus grand nombre de faces possibles.

Et d'abord, un premier point. La nécessité d'une Confédération internationale est-elle évidente ? En d'autres termes, les liens dont nous allons peut-être nous unir aux Fédérations étrangères sont-ils appelés à rendre plus homogènes les groupements nationaux des musiciens, ou seulement à limiter leurs libertés particulières au profit de ce que les uns appellent « utopie », et les autres — dont je suis — « fraternité universelle ? » Sur cette question — question de principe s'il en fut — je ne crois pas qu'une seule hésitation soit possible. Oui, la Confédération internationale est nécessaire, puisqu'elle reproduit, à grande échelle, la confédération d'intérêts locaux que nous avons baptisée syndicat. Oui, nous n'avons qu'à gagner à la multiplicité des attaches, de même que l'homme, primitivement isolé, n'a pu que gagner à la formation de la famille, de la tribu, de la nation, et bientôt peut-être, de quelque chose de plus vaste qui englobera le monde et son humanité tout entière.

Mais entre le désir et sa réalisation, il y a bien des étapes. Vous avez franchi la première en formulant au Congrès de Bordeaux le vœu d'une entente internationale. Vous allez, je l'espère, franchir la seconde, et même en brûler quelques autres en pénétrant plus intimement dans les détails de cette entente.

Comment pouvons-nous l'établir durable, sincère et avanta-
geuse pour tous les contractants ? Il ne s'agit pas seulement de
bonne volonté : et s'il n'était question que de cela, nous n'en
manquerions pas. Les Fédérations allemande et autrichienne,
très engagées dans la lutte contre l'élément militaire, remettent
leur adhésion à un temps indéterminé qui n'a aucun rapport
avec les calendes grecques, tant s'en faut. Elles ont pu apprécier les bienfaits d'une entente mutuelle, convenue l'an passé à
Chemnitz, et ce nous est un gage de la sincérité de leurs sympathies à nous voir assemblés ici dans un commun effort vers l'union,
la Suisse, partagée en trois zônes de langue différente, se prépare
peut-être à donner Berne comme capitale à la Confédération.
Les Etats-Unis, avec le bon sens caractéristique des peuples
jeunes et forts, saluent surtout en la future entente un moyen
de protection contre les entrepreneurs de tournées au rabais, dé-
testables magiciens qui changent le chariot classique de Thespis
en un radeau de la Méduse. Enfin, la présence parmi nous des
délégués anglais, belges et italiens nous garantit l'intérêt qu'ils
portent au côté international de notre Congrès. Tous les fédérés de France les remercieront d'avoir tenu, au prix de quelques
heures de chemin de fer, à venir prendre place à nos assises.
    Il y a donc unanimité dans les aspirations comme dans les in-
térêts. La question de l'amélioration des salaires est universelle :
celle de la résistance aux dissidents, de quelque nom qu'on les
appelle, ne l'est pas moins.
    J'y ajouterai la question des musiques militaires, question
plus aiguë dans certains pays que dans d'autres, comme ces
salles d'hôpital où la fièvre des malades diffère de quelques
dixièmes. Partout, nous voyons la lutte — et la même lutte —
contre l'ennemi — et contre le même ennemi ! Est-il juste, est-
il sage de s'alarmer d'une union internationale qui doit faire en
grand ce que nous faisons en petit, la guerre aux fatalités, dou-
loureuses mais nullement inéluctables, de notre profession ?
    Certains esprits, des meilleurs, mais aussi des plus timo-
rés, craignent de dépasser le but. Nous avons tous entendu leur
langage : « La Confédération internationale, disent-ils, c'est
l'envahissement de notre pays de France par une armée d'Allemands, d'Italiens, de Belges, heureux de trouver un sol favorable
pour y dresser leur tente ! » La réponse la plus simple à faire
est de retourner leur argument en le plaçant dans la bouche d'un
Belge, d'un Italien ou d'un Allemand. « Nous autres Français,
disent-ils encore, nous sommes casaniers, nous aimons à rester
chez nous parce que nous nous y trouvons bien. Cette opinion
est partagée à l'étranger, et fait affluer en France l'élément extérieur. » Camarades, je ne connais aucune statistique établissant
le nombre des étrangers exerçant en France : j'admets cette affirmation qu'ils sont légion — sous bénéfice d'inventaire, bien
entendu, mais enfin je l'admets. — Raison de plus pour conclure
une entente qui, régularisant la situation actuelle, nous assure
au dehors les avantages de la réciprocité. Malgré nos prétendus
goûts sédentaires, nous avons tout à y gagner et rien à y perdre !
Quant au bien-être, propriété exclusive de chaque pays, nous ne

devons pas attacher une trop grande importance à des formules
éternellement redites. Toutes les littératures nationales célèbrent
à l'envi les mérites bienfaisants du terroir quel qu'il soit où
plongent leur racine. Le Français qui préfère son pays à tous
les autres n'obéit pas seulement à des raisons sentimentales ou
patriotiques : il agit comme le poisson par rapport à l'eau, son
élément naturel. L'Allemand, l'Anglais, l'Espagnol agissent de
même : c'est tout simplement la constatation de la grande loi
naturelle d'adaptation au milieu choisi ou imposé.

Du reste, s'il était besoin de ramener, de rallier les timides,
je leur dirais que nous sommes à une époque d'interpénétration
universelle. Aucune race n'est parfaite, aucun pays peut se passer complètement des autres. Des courants réglés par l'offre et la
demande — apportent et emportent les hommes et les choses.
Il est plus prudent d'étudier ces courants, de les canaliser utile-
ment, de les réglementer, que de se briser en vains efforts pour
les annihiler ou les faire refluer vers leur origine.

Permettez-moi d'émettre encore une considération — une seule
— à l'appui de la thèse que le Comité Fédéral m'a chargé de
soutenir devant vous. S'il faut en croire la plus élémentaire des
arithmétiques, la différence entre deux quantités que l'on augmente ou que l'on diminue également ne varie pas. Diminuons
la valeur des différentes nations — ces provinces de l'Europe —
jusqu'à n'être plus que des circonscriptions territoriales, les
comtés de l'Angleterre par exemple. Logiquement, les rapports
resteront les mêmes. Mais l'homme est un être illogique : il
approuve, sous le nom de patriotisme, l'antagonisme entre pays
différents : et ce même sentiment, quand il en voit la manifes-
tation entre différentes régions d'un même pays, il le flétrit sous
le nom de particularisme, de séparatisme. Explique qui pourra
cette anomalie qui permettrait aux Tyroliens de partir en guerre,
économique ou autre, contre les Bavarois de même langue,
alors que les Normands en hostilité avec les Bretons, ou les
Landais avec les Basques — tous quatre de race et de parler différents — seraient assurés, en France tout au moins, d'une bien
mauvaise presse !

Donc, il nous faut écarter les impossibilités, les inconvénients
et tous les *impedimenta* qu'on oppose à la réalisation d'une Confédération internationale. Des inconvénients, certes, il y en a,
mais à cause de la similitude des intérêts, ils arrivent à se neu-
traliser, à se contre-balancer. Je regrette la place occupée en
France par un Italien au détriment d'un Français, mais si quelque chose peut m'en consoler, c'est la pensée qu'un Français, par
compensation, trouve sa vie en Italie. Certains pays seront toujours des foyers d'appel plus considérables ; de même que certaines villes, dans ces mêmes pays, arrivent à centraliser la plus
grande partie des forces de la nation. Mais c'est tout simplement
la constatation de la prospérité d'un pays ou d'une ville, et les
grandes capitales d'Europe alignent sur les statistiques leurs mil-
lions d'habitants, sans déplorer une seconde les misères possibles de la concurrence sur un marché trop fréquenté. Il en sera
de même des peuples. Et puis, je crois que, malgré tout, le péril

d'envahissement n'est imminent pour aucun des pays adhérents à la future Confédération. Il en sera à l'avenir comme il en est pour le présent, comme il en fut pour le passé. L'incertitude du sort qui les attend en France n'est pas un obstacle à l'établissement des étrangers chez nous, et pas plus la certitude d'être reçus en amis ne sera pour eux une invite à y venir. Pure affirmation, dites-vous ? Non pas. C'est la faim qui fait sortir du bois le loup du proverbe. C'est le besoin qui, presque toujours, pousse le musicien étranger à franchir les frontières de son groupe ethnique ou linguistique. Donnez satisfaction à ses besoins : il restera chez lui neuf fois sur dix. C'est justement le but que se propose (et que réalisera) la Confédération internationale. Nous avons eu des exemples, et nous en aurons encore. Un conflit éclate dans un centre, grand ou petit, capitale ou bourgade, entre un orchestre et la direction du théâtre. La frontière est plus ou moins proche : les grévistes, s'ils ne sont pas protégés par l'entente entre les Fédérations des deux pays limitrophes, courent le risque d'être remplacés par des musiciens du dehors. Résultat : leurs revendications innacceptées ; leurs places perdues ; dix, vingt, trente Belges, Allemands, Italiens, sur le territoire français ; nos nationaux aigris et pleins d'animosité contre leurs évicteurs. Au contraire, avec la Confédération internationale, l'embargo est mis sur toutes les offres des agences ou des directeurs pour le lieu du conflit : les grévistes obtiennent tout ou partie de ce qu'ils demandent ; ils conservent leur emploi, chacun reste chez soi, et les meilleurs rapports s'établissent, par dessus le frontière, entre ceux dont les rôles sont appelés d'un moment à l'autre, à s'intervertir, pour les mêmes fins de solidarité. Souvenez-vous de l'attitude de l'Association milanaise lors de la grève de Marseille. Rappelez à votre mémoire l'appui que nous ont prêté nos camarades belges, et tout récemment certain article publié dans leur organe syndical (et reproduit dans notre *Courrier de l'Orchestre*) sous la signature Nuir' Aquinuy. J'ignore la personnalité qui se cache sous ce pseudonyme, mais il m'est agréable de penser que la Confédération internationale lui permettra de ressembler au vieux *Janus bifrons* en lui procurant plus d'une fois l'occasion de signer ses intéressants articles d'une seconde et nouvelle raison sociale, celle-là même qui doit régir toutes les Fédérations : « *Aider qui aide !* »

Nous voici donc forcés par l'évidence à constater l'existence de cette entente entre tous les musiciens du monde. Appelez cela bonne camaraderie, bonnes relations, compréhension des intérêts communs, si vous voulez : il n'en est pas moins vrai que celui de nous qui voudrait transgresser la nouvelle loi d'amitié encourrait la réprobation générale. Que nous manque-t-il donc ? Un mot, un nom ! C'est peu de chose et c'est beaucoup. S'il est vrai que la fonction crée l'organe, il est hors de doute que l'organe peut stimuler la fonction. Cet organe, mes chers camarades, je viens vous demander de le créer, de le nommer. Je vous donnais à choisir au début de mon rapport entre deux façons de procéder, la voie lente et la voie rapide. Si vous ne voulez franchir qu'une étape, vous prendrez l'initiative de l'organisation d'un *Bureau d'entente internationale*, centralisant les nouvelles ayant un caractère démontré d'intérêt général, les portant à la connaissance des intéressés, les discutant s'il le faut et formant rubrique spéciale dans chaque journal fédéré. De grands services ont été rendus à la science par des institutions similaires, notamment le *Bureau astronomique de Kiel*, qui a permis par la rapidité de ses moyens d'information l'étude de nombreux phénomènes célestes, à lui signalés. Que la science sociale soit susceptible de profiter d'un Bureau de ce genre, c'est une expérience qui, à mon sù, n'a pas encore été faite, et qui ne manquerait pas d'être intéressante. Elle offrirait tout au moins l'avantage de ne pas coûter grand chose. Quelques frais de traduction, d'expédition en parties égales au nombre des contractants : un surcroît de travail pour le secrétaire de la Fédération, ou la nomination d'un fonctionnaire spécial ; je ne vois rien de plus. C'est peu, et pourtant ce serait un lien, un fil, — bien ténu peut-être — qui réunirait entre eux les musiciens des deux continents ; un nom qui, constamment répété dans leur journal, finirait sans doute par se graver aussi dans leur tête. Chaque fédération pourrait être conviée par roulement à la direction de ce service, et seraient ainsi évités les frais d'installation particulière toujours considérables. Le budget du *Bureau* serait constitué par un minime prélévement sur le budget fédéral, en proportion du nombre des fédérés de chaque pays. Les plus grands fleuves n'ont pas toujours les sources les moins humbles. Camarades, ne l'oublions pas, cependant : un *Bureau d'entente internationale* servirait simplement à confirmer les bonnes relations existant naturellement entre les participants. C'est un peu comme le tribunal arbitral de La Haye, où la première citation chez le juge de paix : y va qui veut, aucune sanction ne rend efficace leur sentence. Si vous voulez marcher plus vite, atteindre plus tôt et plus sûrement le but, vous vous prononcerez délibérément en faveur d'une *Confédération internationale.*

Ici, je m'arrête, effrayé non pas par l'aridité, mais par la multiplicité des détails. Le sujet est si vaste que je cours le risque de m'y perdre. Faut-il vous rappeler toutes les difficultés à vaincre, toutes les questions à élucider ? Je vais passer en revue les principales, en vous priant de m'excuser si je suis volontairement bref, ou involontairement incomplet.

Et d'abord je néglige les questions administratives et financières, non que je les croie dénuées d'importance, mais parce que je suis persuadé que leur solution, le principe une fois adopté, serait d'un aboutissement facile. Encore faudra-t-il un échange de vues entre les Fédérations participantes, et je m'abstiens d'un programme dont chaque article serait plus tard sujet aux amendements les plus variés.

La question des mutations peut être aisément tranchée par un règlement organique, à condition que ce règlement soit le résultat du consentement de tous. Ici encore, rien de définitif à vous soumettre.

J'arrive aux différentes institutions de prévoyance que l'évolution de la fin du dernier siècle a fait surgir de terre, émaillant ainsi comme d'autant d'oasis la route un peu sévère de l'action syndicale. Je veux parler des caisses de grève, des caisses de chômage, de maladie et de secours, des caisses de pensions de retraite pour les vieillards, des caisses d'assistance aux veuves et aux orphelins, du viaticum, etc. Certaines Fédérations ont développé *tous* ces organes annexes ; d'autres n'en possèdent qu'une partie ; d'autres enfin n'en ont pas. La solution qui s'impose est celle du bon sens ; un étranger n'a droit, en pays confédéré, qu'aux seuls avantages réservés aux nationaux de ce pays ; libre à lui de participer, par cotisation spéciale, aux diverses caisses dont il était tributaire dans son pays d'origine. Et s'il vient d'un pays qui n'en alimente aucune, il ne participe aux avantages des diverses caisses de la Fédération où il réside que sur sa demande formelle ; s'il s'abstient, sa cotisation pourra être diminuée de toute la part que les statuts affèrent à telle ou telle caisse. Encore que la participation à la caisse de chômage soit une obligation imposée aux membres de certaines Fédérations, là n'est pas la difficulté ; mais elle se présente, redoutable, avec la question tant discutée, de l'admission des étrangers dans les syndicats français. Je dis *français* à dessein, car aucune des organisations actuellement existantes ne les rejette, partiellement ou complètement, à l'exception de quelques villes de notre pays. Puissent-elles comprendre enfin, ces villes françaises, la nécessité d'une même loi pour tous et les réserves qui sont autorisées à faire les fédérations étrangères répondant à notre invite à l'union internationale : « Commencez par être d'accord avec vous-mêmes ; nous tâcherons ensuite de nous mettre d'accord avec vous ! »

Pourtant, ne croyez pas que je me laisse hypnotiser par un humanitarisme dédaigneux de la réalité. Je tiens pour juste et vrai qu'un lien s'établit entre l'homme et le sol où il naît, où il vit : que celui-ci appartient à celui-là par droit de priorité, mais non d'exclusion ; en d'autres termes, qu'une grande réserve s'impose à qui va chercher sous un autre climat de meilleures conditions d'existence ; que tout nouvel arrivant, provincial à Paris, parisien en province, étranger en France, français à l'étranger, doit satisfaire à une condition expresse et primordiale : l'accroissement du bien-être de tous et non sa diminution.

Les peuples sont libre-échangistes ou protectionnistes, selon les exigences de leur industrie et de leur commerce. Et dans la mêlée de tant d'intérêts divers, l'application de chacune de ces méthodes fait des heureux et des victimes. Beaucoup de musiciens étrangers en France, c'est peut-être un inconvénient pour la corporation des musiciens français, mais c'est sûrement un bienfait pour ceux qui les nourrissent, les habillent, les transportent et les logent. Par malheur, nous sommes obligés, en tant que Fédération de musiciens, de nous confiner dans l'étude de ce qui peut être avantageux à la seule corporation des musiciens. J'ai dit tout à l'heure qu'une confédération internationale ne changerait pas grand chose à la répartition numérique de nos camarades dans les différents pays confédérés. Faudra-t-il codifier cette répartition : dire à l'Allemagne, à l'Angleterre, à la Belgique : « Nous avons tant de vos nationaux chez nous ; faites place à un chiffre proportionnel des nôtres, rien de moins, rien de plus » ?

Faudra-t-il être plus généreux, et nous en remettre à la loi de l'offre et de la demande ?

Et comment allier la liberté absolue du travail avec une certaine quantité de protection due parfois à ce même travail ? Vous voyez, camarades, que ce n'est pas à votre seul rapporteur de démêler un pareil écheveau, et votre Congrès tout entier n'y suffirait pas. Ces difficultés, d'ailleurs, ne sont pas insurmontables : elles existaient pareilles pour les typographes, les ouvriers métallurgistes, les mécaniciens et vingt autres professions unies aujourd'hui par la Fédération internationale de leurs fédérations. Ne saurons-nous imiter ces travailleurs, nous, les travailleurs de l'art ? Continuerons-nous à nous absorber dans l'ensemencement routinier de notre champ, alors que les champs de nos voisins ajoutés à l'exiguïté du nôtre, en feraient, sans léser personne, un vaste domaine en indivis, propre aux cultures les plus intensives ? Mais à ce nouveau régime il faut une Constitution nouvelle : et toute Constitution réclame une Constituante. C'est à quoi, vous allez le voir, tendent les conclusions de mon rapport. Une consultation préalable s'impose, qui renseigne tout le monde sur toutes les données du problème, et sur toutes les solutions possibles. Est-ce à dire que nous n'ayons plus qu'à nous croiser les bras ? Loin de là : notre tâche reste belle. Nous sommes d'accord sur un point — du moins je l'espère : — l'utilité d'un vaste portique reliant entre elles, pour la plus grande commodité de toutes, les demeures particulières que nous habitons. Restons dans ces demeures et commençons, au plus prochain voisinage, les travaux préliminaires du palais de nos rêves. On peut en esquisser le plan externe, orienter sa façade, situer son exposition : on ne peut procéder à l'aménagement intérieur avant d'avoir consulté le goût des co-propriétaires qui l'habiteront. Contentons-nous donc pour aujourd'hui, des soubassements. Ce sera l'honneur des musiciens de notre pays d'avoir été les ouvriers de la première pierre et de la première heure !

Voici les conclusions de mon rapport, sur lesquelles je vous demande de vous prononcer.

1° D'abord l'option entre l'organisation d'un *Bureau d'entente internationale* et la constitution d'une *Confédération internationale*.

2° Puis au cas où la *Confédération* l'emporterait sur le *Bureau*, le texte suivant sujet aux amendements que vous voudrez bien proposer :

Le Congrès de Paris prend l'initiative de la constitution d'une *Confédération* internationale des Fédérations des deux continents.

Il charge les fonctionnaires du Comité Fédéral d'entrer immédiatement en relation avec les organisations étrangères, de leur annoncer la résolution prise par le Congrès, de leur demander leur adhésion provisoire, et de les prier d'élaborer, chacune de son côté, un projet de statuts à soumettre à leurs nationaux. L'ensemble des projets, dûment approuvés, devra être comparé et discuté au sein d'un Congrès tenu dans une ville à désigner (appartenant à un pays sans organisation nationalement fédérale), à raison de *un* congressiste plénipotentiaire par Fédération participante, quel que soit le nombre de ses fédérés.

La langue du Congrès projeté sera celle du pays auquel appartient l'initiative de sa réunion.

La ville où se tiendra le Congrès (Suisse ou Hollande) sera désignée par la majorité des suffrages des Fédérations intéressées.

L'adoption ou le rejet des statuts discutés se fera à la majorité absolue des voix des plénipotentiaires, chaque Fédération n'ayant droit qu'à une seule voix.

Le résultat des délibérations du Congrès projeté aura force de loi pendant *deux ans* pour toutes les Fédérations participantes, à dater du lendemain de la dernière séance du Congrès.

Il appartiendra au Congrès de se prononcer sur toutes les questions concernant l'admission ultérieure (passé ce laps de deux ans) de nouvelles Fédérations, le retrait de l'adhésion des anciennes, le mode de renouvellement des pouvoirs de la Confédération, et jusqu'à sa prolongation ou son extinction.

En ce qui concerne notre propre Fédération française, je dépose les résolutions suivantes :

Le Congrès de Paris charge son Comité Fédéral d'élaborer un projet de statuts de Confédération internationale (qui devra être soumis par voie de referendum à tous les syndicats fédérés) en vue d'un Congrès plénipotentiaire à tenir dans une ville de Suisse ou de Hollande.

Une cotisation supplémentaire de 0 fr. 25 est imposée à tous les fédérés pour faire face aux frais de ce Congrès, à valoir sur les cotisations ultérieures, si, pour une raison quelconque, ce Congrès ne s'assemble pas.

Le Comité Fédéral est également chargé de désigner un plénipotentiaire pour représenter la Fédération française.

Enfin, au cas où vous vous prononceriez pour le Bureau contre la Confédération :

Le Congrès de Paris, affirmant son désir de multiplier les relations établies entre les Fédérations d'Europe et d'Amérique, et pour préluder à l'établissement d'une Confédération internationale, charge son Comité Fédéral d'entrer en pourparlers avec les organisations étrangères, en vue de la création d'un *Bureau d'entente internationale* destiné à centraliser les nouvelles importantes, à prévenir les musiciens de tous les pays contre toutes les atteintes portées à leurs intérêts, et, d'une façon générale, à préconiser la tactique de l'action combinée des syndicats et des fédérations, au mieux de tous et de chacun.

Camarades, je ne vous présente que l'ossature d'un projet dont la complexité ferait reculer de plus compétents que moi. A vous de dire si vous approuvez ces préliminaires tels que je viens de vous les exposer. Certains d'entre vous les trouveront trop hardis, d'autres trop timides. Il est difficile de contenter tout le monde — et sa Fédération ! Quoi qu'il en soit (et c'est mon dernier mot) ne laissez pas échapper cette occasion d'habiller de la magie d'un nom le fantôme d'une idée qui, sans ce nom, resterait peut-être encore longtemps à l'état latent. Le nom, c'est l'axe de cristallisation autour duquel s'échaffaude un futur grandiose. Et l'idée qui passe ressemble au nuage, imprécis, plein de promesses pour le sol altéré, bien que réussissant à peine à le protéger contre les aridités d'un midi brûlant. Ne laissons pas passer le nuage : ne laissons pas dériver l'idée, mais fixons-la, par le verbe, par l'acte, afin que jaillisse d'elle toute la pluie bienfaisante qu'elle contient ! (*Applaudissements unanimes*).

Le Président. Je crois bon de remercier en votre nom le camarade Seitz de s'être donné la peine de faire un si remarquable rapport.

Avant d'examiner les conclusions qu'il nous propose, je donnerai la parole à nos camarades étrangers — j'emploie ce mot à regret, car j'estime qu'il ne doit pas y avoir d'étrangers parmi nous. Par ordre alphabétique, je donnerai la parole au délégué d'Angleterre, le camarade Williams.

Williams (*Secrétaire de l'Amalgamated Musicians-Union*). Camarades : L'année dernière, je n'étais pas capable de vous parler, parce que ma connaissance du français était extrêmement limitée. Cette année, j'ai fait des progrès suffisants, je crois, pour me permettre de lire moi-même mon petit discours. J'espère que les délégués seront indulgents pour un confrère qui trouve très difficile de parler français et de penser en Anglais. Le jour viendra, j'espère, où je vous parlerai sans faire beaucoup de fautes de prononciation.

D'abord je dois dire combien extrêmement heureux je suis d'être encore avec vous, comme délégué fraternel de l'Angleterre. C'est un plaisir que j'espère avoir beaucoup de fois, parce que je suis convaincu que, par des conférences comme celle-ci, où nous pouvons échanger nos idées, nos vues et nos opinions, et apprendre l'idéal de chacun, nous réussirons à relever beaucoup le niveau de la profession musicale dans le monde entier.

Depuis notre dernier congrès à Bordeaux, je suis heureux de dire que, en Angleterre, nous avons réussi à améliorer les appointements dans beaucoup de villes ; et c'est avec une grande joie, que nous avons appris que pendant l'année dernière, nos camarades de France ont fait un pas de plus vers ce but, que nous essayons tous d'atteindre, pour les musiciens d'orchestre de nos différents pays.

Nous avons éprouvé un grand plaisir à l'occasion du triomphe de nos camarades de Marseille, de Rouen, du Havre et de Lyon, et au nom de mes adhérents, je vous présente nos félicitations sincères sur ces brillantes victoires.

Mais, chers camarades, peut-être vous permettrez à un vieux

guerrier qui a combattu pendant onze ans pour les musiciens, de donner quelques avis.

Ce ne sont pas les victoires qui démontrent la force d'une société, mais les revers — et par revers je ne veux pas dire défaites, parce que je crois que quand une cause est juste et droite elle doit toujours triompher.

Ce que je veux mettre en lumière, c'est que la carrière d'une union musicale ne sera jamais une longue série de victoires faciles. Je pense que tous les délégués me donneront raison si je dis que si les sociétés musicales avaient le bonheur de gagner immédiatement tout ce qu'elles demandent, d'autres musiciens auraient fondé les unions, il y a des années, avant que les appointements et les conditions soient devenus si déplorables. Nous devons nous attendre à des revers. En Angleterre, nous en avons eu ; vous aussi les aurez ; mais si vous restez fermes et fidèles aux principes de la société, c'est-à-dire fidèles à vous-mêmes et fidèles, l'un à l'autre, convaincus de la justice de votre cause, vous verrez, comme nous l'avons vu, que le temps se chargera de transformer les revers les plus amers en victoires les plus brillantes.

La raison est, que nos demandes sont toujours justes et raisonnables.

Vous verrez que quelques adhérents se découragent au premier revers. Ils sont, tout de suite, prêts à mettre bas les armes, et disposés une fois de plus, à baisser humblement et servilement la tête. A ces lâches, je dirais avec le proverbe anglais. « Une hirondelle ne suffit pas pour faire un été » — et un revers ne suffit pas pour dérouter les musiciens.

Nous avons une sérieuse entreprise devant nous, personne ne le sait mieux que moi. Mais plus l'obstacle est grand, plus je suis content. « A vaincre sans effort, on triomphe sans gloire. »

Nous avons trois classes à éclairer sur la position où nous nous trouvons réellement.

1° Les directeurs doivent apprendre qu'il faut deux personnes, ou deux groupes, pour faire un contrat ; que le musicien qui vend son talent doit avoir « voix au chapitre » autant que celui qui l'achète.

2° Le public a besoin de savoir que, bien que nous soyons bien habillés, et en apparence fortunés, nous sommes en réalité vêtus comme des princes et payés comme des balayeurs.

3° Enfin, les derniers, mais pas les moins importants, nous, les artistes, nous devons nous occuper de notre propre éducation, car je suis persuadé que nous sommes responsables de la situation actuelle, parce que nous avons gardé pour nous nos réclamations. Au lieu de faire savoir au public que nous étions mal payés, nous avons eu la maudite rage de faire croire à tout le monde que notre position était au moins satisfaisante.

En Angleterre, nous avons été jusqu'au point d'essayer de nous tromper réciproquement sur le prix des engagements. Un musicien qui recevait treize francs pour un engagement pensait qu'on n'aurait pas une haute idée de lui si on savait qu'il avait accepté si peu, et il racontait à ses amis qu'il était payé vingt-cinq francs.

Il se trouvait ainsi obligé à parler avantageusement d'un mauvais engagement, chose désastreuse pour notre profession. J'admets qu'il n'y a pas de mal à accepter des appointements modestes, si on est sincère et désireux de faire le possible pour obtenir plus une autre fo's. La folie consiste à cacher l'existence des salaires mesquins. En effet, si au lieu de prétendre que M. X. paie bien, on disait la vérité, c'est-à-dire qu'il paie fort peu, même le plus détestable patron finirait par se fatiguer d'être constamment montré au doigt, pour ainsi dire, et il tâcherait d'éviter le mépris que tout le monde lui accorderait quand on saurait quels sont ses prix. Mais peut être que les musiciens de France ne sont pas si naïfs que les nôtres.

Maintenant, permettez-moi de vous donner quelques détails sur les progrès accomplis par les sociétés de musiciens des pays parlant l'Anglais

En Amérique, le nombre des adhérents augmente rapidement, je suis en constante correspondance avec le secrétaire de la Fédération des musiciens américains sur des questions d'intérêt mutuel.

An Australie, ils ont une fédération, et en Afrique, l'un de nos adhérents a décidé, peu de temps après son arrivée, les musiciens de Johannesburg à s'organiser en Union. J'ai reçu de lui une lettre, l'autre jour, m'informant qu'on essayait de former des sections locales dans les autres villes.

Je cite ces faits pour vous permettre de constater que nous ne sommes pas seuls à désirer d'améliorer la situation des musiciens.

Nous sentons que le musicien d'orchestre a droit à une place plus haute que celle qu'il a occupée par le passé, et pourvu que nous fassions preuve de détermination à ce sujet, il occupera certainement cette place qu'il mérite.

Je n'ai aucune inquiétude sur le résultat final.

Je me rappelle que quand j'ai fondé l'Union en Angleterre, on m'a dit que les musiciens étaient des gens de si peu de valeur, avec si peu de principes, etc., qu'il n'y avait rien à espérer. Mais, chers camarades, je suis heureux de vous dire que, malgré l'eau froide qu'on a jeté en abondance sur mon enthousiasme, j'ai persévéré, et je suis fier de vous annoncer que jusqu'à la fin de l'année 1903, l'union a, par ses efforts, mis dans les poches de ses adhérents, sous forme d'augmentation d'appointements, plus de un million de francs.

J'espère aussi que nous arriverons à une entente par laquelle les musiciens d'un pays ne seront plus exploités par aucun directeur au détriment des musiciens d'un autre pays. J'ai eu le plaisir de donner d'utiles conseils à l'Union américaine, et grande a été la satisfaction de mon comité exécutif quand le camarade Perret m'a écrit pour me demander des renseignements et instructions pour que trois de vos adhérents n'acceptent pas d'engagements en Angleterre à un prix inférieur à nos prix.

La preuve qu'une entente à ce sujet est nécessaire nous la

trouvons dans le fait suivant : Une certaine troupe d'opéra en Angleterre a un belge comme premier cor, et un Anglais comme second. Mais l'Anglais gagne dix-neuf francs de plus que le Belge par semaine.

Si nous avions un arrangement international, nous pourrions empêcher cet état de choses.

Qu'il soit bien entendu que je ne suis pas hostile à un musicien étranger, parce qu'il est étranger, mais je lui serai hostile s'il vient en Angleterre pour un salaire inférieur aux nôtres.

Un point important qu'il ne faut pas oublier, c'est que quand un musicien quitte son pays, c'est parce que, en parlant généralement, les appointements et les conditions de son pays sont mauvais.

Ceci démontre la nécessité d'une entente internationale.

Vous me donnerez raison, si je vous dis qu'un Français, un Belge, un Allemand aime son pays natal autant qu'un Anglais aime le sien. Très peu de personnes désirent quitter leur patrie, leurs amis, et les liens qui les attachent à leur foyer ; et il y en a encore moins qui préfèrent aller dans un autre pays, s'ils peuvent gagner aussi bien leur vie sans s'expatrier.

Nous devons donc comprendre que, si les conditions de travail sont bonnes dans un pays et mauvaises dans l'autre, les travailleurs du second auront une tendance à envahir le premier. Le résultat sera désastreux pour les bonnes conditions, et les mauvaises conditions ne seront pas améliorées.

N'admettrons-nous pas, alors, que la meilleure manière de protéger les intérêts du plus avancé est d'améliorer la situation de ceux qui sont en arrière ?

Les musiciens ne peuvent pas, ne doivent pas s'occuper des frontières. Les intérêts de chaque musicien, quelque soit sa nationalité, doivent être les intérêts communs de tous les musiciens ; car, si nous améliorons directement la situation des musiciens qui sont mal payés, nous faisons du bien indirectement à ceux qui sont mieux payés, en rendant leur position plus sûre.

Il me semblerait sage et utile de consacrer un peu d'attention à cette affaire, et de voir s'il nous est possible d'assister de nos avis, de notre aide et de notre argent les musiciens de ces pays où les conditions sont relativement pires que chez nous

Comme conclusion, chers camarades, permettez-moi d'exprimer l'espérance que ma présence ici, comme délégué fraternel, de l'Angleterre consolidera les bons sentiments qui existaient déjà entre nous, et prouvera que, bien que nous soyons séparés, nos intérêts sont identiques.

L'intérêt des directeurs a toujours été d'encourager une rivalité entre les musiciens, pour les exploiter plus facilement.

Quand les musiciens d'un pays se sont organisés, les directeurs les ont menacés d'importer des musiciens d'un autre pays.

Ce jour-là, heureusement, est passé, et un avenir plus brillant se prépare pour nous tous.

C'est le rêve de ma vie de voir les musiciens du monde, unis pour leur bien, à tous. Quelqu'un dira peut-être que ce n'est qu'un rêve; mais, après tout, mes chers camarades, n'est-ce pas un beau rêve ? En tous cas, j'espère voir le jour où, dans l'intérêt de tous les musiciens du monde, nous serons unis ensemble par les liens de la plus étroite fraternité. (*Applaudissements prolongés*).

Le Président. J'adresse en votre nom les remerciements les plus vifs au camarade Williams. Ceux qui l'ont connu l'année dernière au Congrès de Bordeaux se rappellent qu'à cette époque, il lui était impossible de s'exprimer en français. En un an, le camarade Williams a pu s'assimiler les difficultés de notre langue et nous apporter ce rapport si bien écrit et si rempli de bonnes idées. Nous ne saurions trop le féliciter.

Les conclusions du camarade Williams sont identiques à celle de Seitz. Nous pouvons dès maintenant dire que la base de la Confédération internationale est posée.

Je donne la parole au président de la Fédération de Belgique, M. De Reese.

De Reese (*collègue de Belgique*). — Camarades: En qualité de président fédéral belge, permettez-moi d'abord, au nom de mon pays, de féliciter le Comité fédéral français pour les progrès réalisés pendant l'année écoulée.

Étant mis au courant par le *Courrier de l'Orchestre*, je suis de près vos mouvements. Aussi, Messieurs, au nom de la Fédération belge, je peux vous déclarer que vous pourrez compter en toute circonstance sur notre esprit de solidarité le plus largement compris.

Permettez-moi maintenant, non pas de faire un discours, mais d'appeler votre attention sur quelques points importants que je vous présenterai le plus succinctement possible afin de ménager vos précieux moments

Nous estimons que le moment est venu de créer des statuts fédéraux internationaux, propres à notre profession, de les faire solides et durables. A notre point de vue, après ces réunions successives, il ne doit plus exister ni barrières ni restrictions pour l'exercice de la profession musicale. Tous nous sommes frères et, par conséquent, libres d'exercer en tous les coins du globe.

Lorsqu'un collègue fédéré quittera son foyer pour aller dans un autre pays, il serait bon qu'il soit exempt du droit d'entrée, s'il justifie d'un congé en bonne et due forme. Il va de soi qu'il serait tenu de respecter les statuts et tarifs de la localité dans laquelle il est appelé à exercer sa profession.

Pour régulariser cette manière de voir, il serait, croyons-nous, urgent d'adopter un unique modèle de congé applicable partout.

Nous pensons, Messieurs, que ce point, s'il réunit l'adhésion générale, sera des plus importants.

Permettez-moi, Messieurs, de passer en revue quelques dispositions particulières:

1° Il serait nécessaire que les collègues fédérés qui sont appelés d'un pays à l'autre, s'informent auprès de leur comité respectif, si cette place est légalement libre.

2° Dans l'intérêt de nos affiliés, il serait bon de voir figurer dans les engagements, que le voyage soit payé à l'aller comme au retour, depuis son point de départ.

3° Un orchestre étranger composé uniquement de collègues affiliés, et venant jouer des concerts, isolés ou permanents, devrait être tenu de respecter les tarifs des villes où ses concerts doivent avoir lieu.

En terminant, Messieurs, je prie vivement le Comité fédéral français de donner ordre à toutes ses villes fédérées de ne plus accepter des musiciens belges non syndiqués dans les orchestres; car différents Belges (des jaunes) viennent régulièrement faire des saisons de Pâques ou autres, et portent, par conséquent, un préjudice énorme à nos bons collègues.

Le Président. Je remercie, toujours en votre nom, notre camarade De Reese. Il vient de nous donner une base d'entente pratique, au sujet des mutations et des engagements à l'étranger. Lorsque nous aurons entendu le délégué d'Italie, notre camaaade Bertone, nous pourrons discuter de suite sur les conclusions de ces divers rapports et sur la forme à donner à l'organisation internationale.

Bertone (délégué d'Italie). Je n'ai pas eu le temps de préparer un rapport ou un discours et je ne vous ferai pas subir pendant longtemps mon éloquence. Le camarade Seitz dans son rapport posait la question de savoir si la Confédération internationale est nécessaire. Au point de vue de mon pays je réponds : oui, car elle sera un point d'appui pour améliorer notre situation à l'intérieur, et l'amélioration de notre situation en Italie sera profitable à tout le monde.

Notre corporation est, en Italie, en état de relèvement. Tous les musiciens commencent à comprendre que le fait de s'unir ne peut avoir que de bons résultats pour tous. J'espère que nous arriverons à nous relever complètement et que nous ne mériterons plus les reproches que nous avons l'apparence de mériter.

M. Seitz dans son rapport, nous dit : quelques collègues, à propos de la nécessité de créer la Confédération internationale, pourraient nous répondre qu'ils craignent l'invasion dans notre pays de Belges, d'Italiens, etc. Eh bien, moi, je crois qu'en formant ce lien, en fondant cette association, nous empêcherons au contraire cet envahissement. Qu'est-ce qui fait que l'on reste chez soi ? C'est que l'on s'y trouve bien. Vous restez chez vous parce que vous n'avez pas de surproduction comme il y en a dans certains pays, et aussi parce que vous n'avez pas à soutenir, comme nous, des luttes avec des gens qui, luttant eux aussi pour la vie, nous font travailler pour leur compte et sont cause que nos salaires diminuent toujours. Je veux parler des « forfaiteurs » d'orchestres. Car en Italie les orchestres ne vivent pas par eux mêmes, ne sont pas indépendants. C'est toujours un « forfaiteur » qui les engage et les organise et naturellement ce forfaiteur a intérêt à mettre le plus possible des appointements totaux dans sa poche. Il y a en Italie un très grand nombre de musiciens qui ne sont pas exclusivement professionnels ; ils ont des emplois d'administration ou des métiers. Lorsque les professionnels demandent au forfaiteur des salaires un peu plus élevés, le forfaiteur s'adresse à cette catégorie de musiciens. Qu'arrive-t-il ? C'est que le professionnel est obligé de chercher à gagner sa vie ailleurs, il s'expatrie et va en France, en Angleterre, en Amérique,

L'Association italienne combat contre ces forfaiteurs. En vous unissant à elle, vous lui donnerez une plus grande force morale, elle deviendra plus forte dans notre pays et arrivera à faire cesser cet état de choses et améliorera le sort des musiciens italiens chez eux.

Par suite de l'entente internationale, les musiciens auront des droits et des devoirs réciproques. Vous vous direz : « Nous n'acceptons pas vos compatriotes s'ils ne se soumettent à telles conditions. » Nous ferons connaître ces conditions aux musiciens d'Italie, nous les imposerons. Ils comprendront qu'ils doivent entrer dans notre association et nous grouperons la majorité des musiciens qui n'ont pas encore le sentiment que la Fédération est bonne pour eux parce qu'ils sont entre les mains de ces forfaiteurs.

Nous sommes déjà arrivés à des résultats très appréciables. Nous avons pu, dans beaucoup de cas, imposer des tarifs. Quand la situation des musiciens italiens sera améliorée, les vrais professionnels seront employés chez eux et vous n'aurez plus à redouter cette concurrence. Chacun restera chez soi en disant comme vous qu'il s'y trouve bien.

L'Association italienne m'a donné carte blanche pour accepter vos conditions, persuadée qu'elle est que ces conditions seront bonnes et acceptables.

Je ne veux pas vous retenir plus longtemps. Les idées me font défaut car c'est seulement quelques heures avant mon départ que j'ai été invité à venir apporter ici la voix de mes collègues.

Je termine en vous remerciant de l'accueil sympathique que vous avez fait au représentant de la Fédération italienne. Le comité directeur de cette fédération sera heureux lorsque

je lui rapporterai le récit de vos travaux et il vous donnera
la preuve de sa reconnaissance au moment de la lutte. Vous
pouvez compter sur sa fraternité professionnelle. (*Applaudissements répétés.*)

Fleury (président). — Vous prouvez assez par vos applaudissements que le Congrès remercie le camarade Bertone de
sa présence parmi nous.

Il ne nous a pas parlé au nom d'une fédération puissante ;
mais au nom d'une association toute jeune composée de gens
opprimés. Nous devons l'assurer que notre sympathie va
d'abord aux plus malheureux et nous félicitons la Fédération italienne de faire des efforts pour améliorer leur
sort.

Nous allons maintenant examiner les conclusions des
divers orateurs et les projets déposés. Outre les conclusions
du rapport de Seitz qui envisagent soit la création immédiate d'une confédération immédiate, soit la formation d'un
simple bureau de renseignements internationaux, je reçois
un projet du camarade Guinant de Genève. En voici la
teneur :

1° Il est formé un bureau international chargé de constituer
définitivement l'Association internationale universelle des artistes musiciens.

2° Ce bureau est chargé d'élaborer le projet de statuts de l'Association Internationale sur les bases les plus larges et les plus
humanitaires possibles et de préparer le premier Congrès international qui aura lieu en 1905 à...

3° Il est chargé de rattacher à cette œuvre toutes les Associations analogues d'artistes musiciens et pourra s'adjoindre jusqu'au Congrès de 1905 un représentant par Association adhérente
nouvelle.

Que les camarades qui veulent parler sur les divers textes
présents s'inscrivent pour présenter leurs observations à
tour de rôle.

Guinant (Genève). Je suis sûr d'être l'interprète de vos
sentiments à tous en disant que nous sommes en commu-
nion d'idées avec nos amis venus de très loin, d'Angleterre,
de Belgique, d'Italie pour l'idée internationale. L'art est un
sacerdoce qui ne connaît pas de limites de pays Aussi vou-
lons-nous tous élargir les frontières. Nous ne voulons plus
former des groupes séparés, mais bien une association une
et indivisible. (*Applaudissements*). Messieurs, je ne vais
pas vous dire ce que dans votre for intérieur, vous pensez
tous et qu'aucune parole ne saurait rendre. Mais de toutes
ces vues théoriques, il nous faut dégager des choses prati-
ques. Nous avons ici des représentants dûment autorisés

des associations qui les ont délégués. Ils ne sortiront pas comme, ils sont venus. Il faut que le Congrès affirme que nous ne sommes plus dès maintenant dans le domaine théorique, dans le domaine des vues, des idées, mais dans celui de l'action. Il faut, par conséquent, que nous sortions d'ici avec un projet, avec une constitution, avec un être matériel et objectif, si je puis n'exprimer ainsi, qui nous permette d'agir et qui nous permette de dire que l'entente internationale n'est plus un vain mot, mais un fait accompli.

C'est parce que j'étais persuadé que nous n'aurions plus à discuter dans le domaine théorique que je me suis permis de faire et de vous apporter un projet codifié pour la formation d'un bureau international.

J'estime qu'il serait peut-être plus sage et plus logique, avant de créer l'entente internationale qui est très vaste, puisqu'elle comprend l'humanité toute entière, de préparer cette œuvre en créant d'abord un bureau qui permette de constituer un projet de statuts et qui rassemble dans le courant de l'année toutes les Fédérations européennes et celles des autres continents afin de former vraiment une association d'une consistance plus considérable, plus grande et plus réelle que celle qu'elle pourrait avoir actuellement.

Ce bureau, nous n'avons qu'à choisir pour le former. Nous avons ici les représentants des bureaux des autres fédérations. Nous ne voulons plus les lâcher. Nous allons les forcer — et nous savons qu'ils se laisseront facilement faire violence — pour qu'ils constituent les membres de ce bureau international.

Et comme à côté des questions matérielles, il y a la question de l'art, qui doit nous diriger toujours, nous avons ici un maître vénéré qui devra être le président de cette Société d'Artistes et qui ne refusera jamais son appui.

Et bien, mes chers camarades, mais voilà des éléments admirables. Ce bureau se trouve de lui-même constituée par la force des choses et surtout par l'agrément des choses, car il est vraiment agréable de se voir réunis avec des amis venus de très loin et qui ont les mêmes désirs, les mêmes aspirations que nous.

Ce projet est divisé en trois parties.

Il est suivi de la préparation d'un congrès général et de la préparation des statuts.

Le bureau pourra non seulement constituer ce congrès général et y rattacher les associations qui ne se sont pas présentées dans ce congrès. De sorte qu'à ce congrès international de 1905 nous arriverons en présence des représentants de l'Allemagne, de l'Espagne, de l'Amérique et des autres pays qui viendront faire cause commune avec nous.

Il me semble qu'une année doit être le laps de temps dési-
rable pour que ce congrès prenne une forme plus parfaite.

Ainsi, avant de former l'Association interfédérale, nous
devrons nommer par vote le bureau auquel nous devrons
d'autant plus accorder notre confiance qu'il sera présidé par
notre maître vénéré et par nos camarades des pays voisins,
dont nous connaissons l'attachement à la cause des musiciens.

Nous aurons ainsi l'espoir que le congrès de 1905 ne réu-
nira plus seulement quatre ou cinq pays, mais tous les pays,
et qu'il embrassera ainsi la cause entière de tous nos camarades réunis. (Applaudissements répétés.)

Le Président. Avant de mettre aux voix le projet du camarade Guinant, je désire savoir si quelqu'un parmi vous
désire défendre l'idée de la Confédération immédiate.

Bonneville. Je voudrais faire connaître au Congrès que
j'ai échangé quelques lettres avec le syndicat de Barcelone
(lecture de ces lettres). Je demande au camarade Perret s'il
n'a reçu aucune communication d'Espagne.

Perret. Nos camarades de Barcelone ont été invités à
prendre part au Congrès. Voici leur réponse qui vient d'arriver :

Barcelone, 8 mai 1904.

Au Secrétaire de la Fédération des Musiciens de France.

La Junte Directrice s'étant réunie pour examiner s'il convient
ou non d'envoyer un délégué au Congrès, reconnaissant unanimement qu'il s'agit d'un acte de la plus haute importance pour
les musiciens d'Europe ; que « l'Union Musicale de Barcelone »
représente l'idéal social de mille et quelques unités, qu'elle
compte à peine trois années d'existence, que la base de son action vient à peine d'être constituée, que ces manifestations de
sympathie entre musiciens sont de nature à se renouveler d'époque en époque : pour ces raisons, croit prématurée une interven-
tion personnelle au Congrès de Paris ; assure les congressistes de
l'enthousiasme de son adhésion morale, et de l'espoir qu'elle a
d'être suivie par les autres organisations espagnoles (Madrid,
Valence, Palma de Majorque).

La Junte Directrice envoie au Congrès ses salutations frater-
nelles, et demande communication des articles acceptés.

Le Secrétaire,
JAME GÉLABERT.

Fleury (président). La parole est au camarade Liégeois,
secrétaire de la Fédération belge, sur la forme à donner à
l'entente internationale.

Liégeois (Belgique). Messieurs, je vous demande la permission de vous lire un autre projet de statuts internationaux.

Art. 1er. Pour toute question se localisant au pays, chaque fédération conserve son autonomie.

Art. 2. Pour toute question intéressant plusieurs pays, le Conseil Fédéral international est chargé de proposer telle solution qu'il comporterait d'adopter. Toutefois, un délai de deux mois précédera la mise à exécution. Ce délai sera employé à faire ratifier les mesures préconisées dans chacune des fédérations.

Art. 3. Le Conseil Fédéral international se compose 1° de chacun des présidents fédéraux, des vice-présidents, des secrétaires ; 2° de deux membres choisis dans chacun des organismes affiliés.

Art. 4. La date de réunion du Conseil Fédéral international sera fixée au mois de juin. Avant de se séparer, le lieu de la réunion annuelle suivante sera désigné.

Art. 5. Chaque organisme fédéral affilié aura latitude de pouvoir présenter une ou plusieurs questions à l'ordre du jour. Celui-ci, notifié un mois d'avance, ne pourra être modifié sans accord préalable.

Art. 6. Le délai du dépôt des questions sera d'un mois, et envoyées au siège du Congrès.

Art. 7. Après chaque réunion, le secrétaire choisi par le Congrès fera son rapport sur les questions débattues, et ce rapport approuvé sera envoyé à chacun des organismes fédéraux internationaux.

Art. 8. Le rapport devra paraître à l'organe officiel de chacune des fédérations.

Messieurs et chers collègues,

A la suite de votre invitation, nous sommes aujourd'hui ici quatre ou cinq ou six délégués des autres pays. Nous pouvons décider avant tout qu'une fédération internationale soit créée, quitte à ce que le bureau régularise les questions d'ordre administratif et d'ordre intérieur ou extérieur.

On a parlé des questions syndicales. On a oublié cependant de dire que l'artiste-musicien, si on le compare aux autres organisations ouvrières, est en retard de 50 ans pour son organisation syndicale.

Il nous faut, messieurs, regagner le temps perdu. Nous pouvons avoir des idées très belles, mais il nous faut entrer dans la pratique comme l'ont si bien exprimé les collègues qui m'ont précédés. Il nous faut créer une association puissante. Ce sont les moyens de communication très multipliés qui ont amené les déplacements de nos musiciens. Il y a 50 ans, l'artiste-musicien ne pouvait pas se déplacer. Aujourd'hui il peut aller en France, en Angleterre, en Belgique et dans d'autres pays, cela est vrai, Mais si c'est là un avantage pour lui, c'est aussi un avantage pour nos exploiteurs. Il faut, en conséquence, employer les mêmes moyens qu'eux pour les contre carrer.

Il y a deux ou trois siècles les syndicats étaient bien formés et portaient de grandes restrictions quant à l'admission de leurs membres. Nous n'en sommes plus il est vrai à cet état de chose. Nous devions forcément, par les moyens rapides de communication, arriver à la plus grande liberté d'évolution possible. En ce qui concerne les cotisations, les droits d'entrée aussi bien dans les autres syndicats que dans ceux de la France, vous pourriez m'objecter qu'il y a trop trop plein de Belges, d'Italiens en France.

Mais ce danger n'existera pas puisque nous aurons convenu que, à moins de tel prix stipulé sur un tarif, on ne pourra pas exercer. Loin de nous, messieurs, la pensée d'avoir d'autres sentiments.

Nous marchons la main dans la main avec vous pour créer l'entente internationale des musiciens. Notre devise, aussi bien pour les Belges, les Anglais, les Français doit être : Liberté Egalité, Fraternité. J'espère donc qu'avant de nous séparer nous aurons la conviction de ne pas nous être déplacés sans rapporter à nos collègues la bonne nouvelle que la Fédération internationale est définitivement créée.

Le Président. Camarades, nous pourrions peut-être voter maintenant. Le camarade Liégeois nous a donné des détails sur l'organisation internationale. Faut-il, ou constituer un bureau internatianal ou bien immédiatement une confédération internationale ?

Faes, délégué de Belgique. Est-ce que la constitution d'un bureau international excluerait la fondation d'une Confédération internationale ?

En venant ici nous croyons qu'on aurait pu constituer une fédération internationale.

L'année passée nous avons fait un vœu pour que cette confédération se constitue. Je crois que si nous remettons encore à l'année prochaine cette création, ce sera la remettre aux calendes grecques. Il me semble que nous devrions tâcher de nous entendre le plus vite possible sur ce point.

La Fédération américaine n'est pas représentée mais nous qui sommes venus nous espérons quand même commencer à faire quelque chose.

La Belgique a montré, durant l'année écoulée, qu'elle savait faire œuvre de bonne camaraderie par ses actes.

Le Président. Nous savons, en effet, que la Fédération belge a apporté la preuve de sa solidarité vis-à-vis des musiciens de France.

Chaque fois que les camarades syndiqués belges peuvent nous donner leur appui, ils ne manquent pas de le faire, et je suis heureux de les en remercier une fois de plus encore.

Je suis en présence d'un projet qui vise la constitution d'une Fédération internationale à brève échéance et qui commence par la nomination d'un bureau chargé d'en faire toute l'organisation administrative.

Si les camarades Liégeois et Faes veulent bien me donner un projet codifié très simple d'un projet de Confédération internationale à rédiger tout de suite, je le mettrai immédiatement aux voix.

Prévost. La Chambre syndicale de Paris a formulé une demande de Confédération internationale, ce qui n'empêche aucunement la constitution d'un bureau interfédéral.

La Chambre syndicale de Paris s'est basée sur le principe du vœu émis au Congrès de Bordeaux :

Le Congrès de Bordeaux en a déjà défini les points principaux :

1° Les conditions dans lesquelles un syndiqué pourrait changer de fédération ;

2° La communication des tarifs locaux établis dans chaque ville organisée, et le respect obligatoire de ces tarifs par tous les adhérents des fédérations unies ;

3° La communication périodique des listes de radiés et des établissements en interdit.

Paris a pensé qu'il y avait lieu d'y ajouter la publication de ces listes dans les organes publiés par les différentes fédérations.

Je conclus en disant que, pour en finir, nous devrions voter d'abord la constitution d'une Confédération international et ensuite la formation d'un bureau interfédéral.

Bonneville. Le Congrès de Bordeaux avait décidé qu'avant la date du 1er janvier 1904, les syndicats devaient modifier leurs statuts concernant l'adoption des collègues étrangers. Le syndicat de Bordeaux a suivi cette indication et nous admettons chez nous « les musiciens étrangers appartenant depuis un an au moins à un syndicat fédéré ou à une fédération étrangère. »

Si avant le 1er janvier 1904 on avait rappelé au syndicat cette décision du Congrès, beaucoup de syndicats auraient modifiés leurs statuts.

Plusieurs congressistes. Mais cela a été fait.

Perret. Il me semble que nous sommes bien près de nous entendre, puisque nous sommes d'accord sur le principe et qu'il ne nous reste plus qu'à régler une question de mots. En réalité, les diverses propositions en présence se ramènent à une seule et unique proposition qui consiste à donner une forme administrative, aux relations qui existent depuis un an entre les Fédérations représentées ici. Nous partageons tous le désir de notre camarade Faes, nous voulons que la décision qui résumera cette discussion ne soit plus seulement un vœu, mais une décision formelle, créant l'organisation internationale des musiciens. En fait, on peut considérer que l'organisation existe déjà, et il ne nous reste plus qu'à l'étendre et à codifier son fonctionnement. Nous nous étions mis d'accord à Bordeaux sur plusieurs points intéressant nos relations internationales, sur l'admission des camarades adhérents aux fédérations étrangères, sur la notification des conflits, et sur la communication de nos tarifs respectifs. Ces décisions de Bordeaux ont été appliquées d'une façon presque générale.

On peut donc dire avec raison que l'entente internationale existe, qu'elle donne de bons résultats, et dès lors, la forme administrative que nous lui donnerons aujourd'hui n'apparaît plus comme un problème difficile à résoudre, puisque son rôle ne sera de toute façon que l'amplification, l'extension des relations déjà existantes.

Les divers projets qui nous sont présentés me paraissent tous incomplets et insuffisamment catégoriques.

Seitz et Guinand déterminent les conditions dans lesquelles *devront* s'élaborer les statuts confédéraux et réglementent un futur congrès, ce qui éloigne encore à une date indéterminée la création officielle de l'organisation.

Liégeois nous donne des articles de statuts destinés à être appliqués de suite et qui peuvent, en effet, être appliqués. Mais dans le projet Liégeois il y a forcément des lacunes.

Entre autres points oubliés, je signalerai la cote-part de chaque fédération dans le fonctionnement de l'organisation internationale.

D'autre part nous ne pouvons songer aujourd'hui à adopter une longue série d'articles de statuts définitifs. Le temps d'ailleurs nous manquerait et aussi peut-être tous les éléments nécessaires à la discussion.

Que devons-nous donc faire? A mon avis, nous devons rédiger quelques articles fondamentaux, très brefs, mais établissant la base de notre organisation. Prenons les trois projets présentés. Examinons-les. Nous en écarterons les points qui nécessitent un examen difficile, la question des cotisations par exemple, pour laquelle nous devons faire un travail préalable de statistique. Nous nous inspirerons de l'esprit des trois projets pour rédiger immédiatement des statuts fondamentaux.

J'ai dit qu'entre *Bureau et Confédération* je ne voyais guère qu'une question de mots, mais les mots n'en ont pas

7

moins leur importance. Il faut que l'on puisse dire sans le moindre doute qu'à dater du 9 mai la Confédération internationale des musiciens est constituée. Et ce sont les premiers statuts de cette confédération que je vous demande d'adopter de suite. Il seront, eux aussi, incomplets et sommaires ; mais ce sera le rôle des fonctionnaires confédéraux de s'inspirer des nécessités et de l'expérience pour les augmenter et les développer. Notre rôle est de nous mettre d'accord sur les bases. A dater d'aujourd'hui la confédération sera créée : elle n'aura qu'à s'agrandir et à prospérer.

Je ne veux pas terminer sans remercier, au nom de la Fédération française, les délégués étrangers, pour les paroles élevées qu'ils nous ont fait entendre et pour les sentiments dont il t déjà donné les preuves. (*Applaudissements unani.*

Sur la proposition de Perret, la séance est suspendue.

Reprise de la séance.

Fleury (président). Camarades, notre collègue Liégeois vient de me remettre un projet de résolution très court constituant immédiatement la Confédération internationale. Il est ainsi conçu :

La Confédération Internationale des musiciens est créée à Paris le 10 mai 1904.

Un bureau dont les membres sont nommés à la même date sera chargé de localiser les éléments constitutifs de la Confédération Internationale.

D'autre part les camarades Perret et Guinand rédigent un projet succint de statuts dans lequel ils font intervenir comme article premier cette proposition de Liégeois. Je vais donc sans retard mettre aux voix cette proposition qui déclare fondée la Confédération Internationale.

La proposition Liégeois est adoptée à l'unanimité. (*Applaudissements prolongés.*)

Bailly. Ce ne sont pas les mains qui devraient se lever, ce sont les personnes.

Fleury (président). Camarades, la Confédération Internationale est absolument créée. Retenons la date du 10 mai 1904 qui restera mémorable dans les annales du syndicalisme chez les musiciens.

Dumont (Orléans). Je propose que l'on mette au procès-verbal d'aujourd'hui les noms des délégués présents à cette séance. Ce sera un souvenir commémoratif. (Adopté.)

Fleury (président). Camarades, voici les statuts que me remettent Guinand et Perret.

Art. 1er. — La Confédération Internationale des Fédérations d'artistes musiciens est créée à Paris ce mardi 10 mai 1904.

C'est le texte de la première partie de la proposition Liégeois que vous venez d'adopter à l'unanimité.

Bertone. Je voudrais que ce premier article contienne l'indication du but de la Confédération Internationale. On pourrait mettre, par exemple : ... dans le but de protéger les musiciens contre...

Fleury (président). La Confédération internationale relie entre elle des Fédérations, lesquelles relient des syndicas, dont le but est d'améliorer le sort de leurs sociétaires. Dès lors, le but de la Confédération internationale est connu.

Perret. Je crois comprendre le désir de Bertone. Il voudrait que cet article premier contienne une sorte de déclaration de principes faisant connaître à tous le but de la Fédération.

Fleury (président). Cette déclaration sera à sa place dans les articles réglementant le rôle du bureau de la Confédération internationale.

Perret. Voici une phrase qui contentera peut-être le camarade Bertone :

... Elle (la Confédération internationale) a pour but de donner aide et protection à tous les musiciens syndiqués dans tous les pays confédérés.

Cette phrase constituerait le deuxième paragraphe de l'article premier.

Le président met aux voix l'article premier avec l'adjonction du deuxième paragraphe. (Adopté.)

Art. 2. L'article 2 est la deuxième partie de la motion Liégeois. Je vous la rappelle.

Un bureau dont les membres sont nommés à la même date sera chargé de localiser les éléments constitutifs de la Confédération internationale.

Prévost. En ce qui concerne le rôle de ce bureau, Paris m'a chargé de rappeler que le Congrès de Bordeaux a pris certaines résolutions.

Le rôle du bureau de la Confédération internationale sera d'appliquer ces résolutions et de les rendre définitives au lieu de les laisser sous la forme de vœux. Voici à quoi se raniment ces résolutions.

1° Conditions dans lesquelles un syndiqué pourrait changer de fédération ;

2° Communication des tarifs locaux établis dans chaque ville organisée : respect obligatoire de ces tarifs par tous les adhérents des fédérations unies ;

3° Communication périodique des listes de radiés et des établissements en interdit ;

4° Publication de ces listes dans les organes publiés dans les différentes fédérations.

Fleury (président). Il est préférable d'examiner d'abord la constitution de ce bureau. Comment sera-t-il formé ? De combien de membres se composera-t-il ?

Bonneville. Il suffirait d'un secrétaire et d'un trésorier.

Guinand. Il nous faut simplement nommer un bureau dans lequel toutes les association nationales seront représentées. On pourrait par exemple choisir deux délégués par fédération.

Le nombre de deux me semble préférable à un seul. Si l'un est trop occupé ou fatigué, le second pourra le suppléer. Par conséquent, il y aurait huit délégués puisque quatre fédérations sont représentées ici. Nous pourrions adjoindre à ces délégués des personnes compétentes pouvant apporter d'utiles renseignements, des camarades parlant plusieurs langues.

Une fois ce bureau constitué nous chargerions l'un de ses membres d'accepter les fonctions de secrétaire. Il est inutile de nommer un trésorier puisqu'il n'y a pas encore de fonds. Je ne parle pas de président, de crainte de me faire assommer en prononçant ce mot (*Hilarité*).

Bailly. Je propose un secrétaire et deux conseillers par pays. Ce n'est pas de trop de douze personnes pour discuter des intérêts aussi importants.

Schlosser. Il me semble que la nomination de ces délégués doit être faite dans les fédérations. Chaque pays nommera ses délégués. Ce n'est pas à nous de le faire.

Perret. Je propose que chaque organisation nomme un seul représentant et le choisisse parmi les membres de son comité directeur. Ces représentants correspondront entre eux, entretiendront des relations avec les autres organisations. Dans chaque pays, ils rendront compte de leurs travaux à leur Comité fédératif national, qui leur tracera leur ligne de conduite. Il ne s'agit pas de désigner des camarades appelés à se réunir et à délibérer dans une même ville. Il s'agit de relations par correspondance.

Jusqu'à présent ces relations ont existé entre les secrétaires de fédérations. Ceux-ci ont déjà assez de besogne dans leur organisation nationale ; les délégués au bureau de la Confédération Internationale devront leur retirer cette responsabilité. Mais, je le répète, cet échange de lettres, avis et journaux se fait sous le contrôle des comités fédéraux de chaque nation.

Je demanderai ensuite que l'on désigne quelle sera la nation dont le délégué sera chargé de centraliser tout ce qui intéresse les fédérations et d'envoyer les communications dans tous les pays confédérés. Ce camarade sera le secrétaire international et sa ville deviendra ainsi le siège social de la Confédération internationale.

Ce siège pourrait se déplacer chaque année suivant un roulement à établir, il serait tour à tour à Manchester, Bruxelles, Paris, Milan, etc.

Fleury (président). Voici le texte de la proposition Perret, qui deviendra le paragraphe 2 de l'article 2.

« Un délégué sera pris dans le comité-directeur de chaque fédération pour former le bureau international. »

Poudroux. Je ne vois pas qu'il soit nécessaire que ce camarade soit un membre du Comité fédéral.

Bertone. Je partage l'opinion du camarade Poudroux.

Fleury (président). On pourrait modifier le texte Perret comme ceci :

Un délégué sera choisi par le Comité directeur, etc.

Adopté.

Nous devons maintenant désigner la première ville où sera le siège de la Confédération internationale. Ce sera l'article 3 des premiers statuts confédéraux.

Le maître Charpentier fait sur ce sujet une observation des plus justes. Il serait dangereux en effet de confier l'administration de la Confédération internationale à une fédération encore jeune. Plutôt que le tirage au sort, dont parlent quelques camarades, il vaudrait mieux désigner par vote quelle sera la ville où sera le siège de la Confédération.

Bertone. Je déclare au nom de ma fédération que l'Italie qui est la dernière venue parmi la Fédération, se désiste pour ce vote.

Leriche. Puisque l'Italie se désiste, on pourrait tirer au sort entre les trois nations qui restent.

Faes. — C'est Paris qui a eu l'initiative de former la Confédération internationale, c'est à mon avis Paris qui doit être désigné.

Perret. — D'après l'avis du camarade Faes, le premier secrétaire confédéral devra donc être choisi par la fédération française.

Fleury (président). L'article 3 sera donc ainsi rédigé :

Le siège de la Confédération Internationale est fixé à Paris.

Prévost. Je propose cette rédaction qui rend mieux nos intentions :

Provisoirement, et pour l'année 1904-1905, le siège de la Confédération Internationale est fixé à Paris.

Faes. Le secrétaire confédéral *pourra* changer, mais il n'est pas *nécessaire* qu'il change chaque année.

Perret. Les premiers délégués que les fédérations vont désigner auront pour mission de correspondre entre eux, d'échanger leur idées pour arriver à l'élaboration de statuts plus complets.

Dans ces statuts, ils pourront donc, d'une manière détaillée, réglementer le maintien ou le changement de siège social. Mais, pour le moment, il s'agit simplement de faire un choix provisoire pour la période 1904-1905. C'est là-dessus que nous devons nous prononcer.

Je pense qu'il est préférable que le siège change chaque année, d'abord pour établir plus d'égalité entre les nations fédérées, et ensuite pour ne pas laisser supporter les mêmes charges à la même organisation.

Fleury (président). Je mets aux voix la rédaction de l'article 3.

Adopté.

Le Président lit l'ensemble des articles adoptés.

Seitz. On ne prévoit pas l'acceptation des fédérations non représentées ici. Il faudrait un autre article ainsi conçu :

Le but du bureau est de préparer l'acceptation des autres fédérations.

Fleury (président). Il y a un autre article à examiner dans le projet Perret-Guinant. Le voici :

Le bureau international a pour but :

1° De maintenir les rapports entre les Syndicats confédérés ;

2° De rédiger les statuts complets de la Confédération ;

3° De préparer le Congrès de 1905 ;

4° De communiquer à toutes les Fédérations adhérentes les tarifs de chaque organisation syndicale ;

5° D'aviser toutes les Fédérations confédérées des conflits qui pourraient survenir.

Seitz. Alors je demande que ma rédaction entre dans cet article ; elle pourrait venir après le paragraphe 2 et nous aurions, comme paragraphe 3, ce texte :

3° De notifier aux Fédérations non représentées au Congrès de Paris 1904 la constitution de la Confédération Internationale.

Faes. Je demande que les premiers statuts portent les noms des fédérations adhérentes.

Barrère. Ne pourrait-on pas considérer la fédération espagnole comme adhérente dès la formation, puisqu'elle nous a envoyé par lettre une adhésion morale. J'insiste sur ce point car, ainsi que le disait Perret, la Confédération existe déjà en en fait, par suite des correspondances échangées. L'Amérique et l'Espagne n'ont pu être représentées aujourd'hui, je demande qu'on les admette en principe et qu'on les considère comme ayant moralement pris part à la fondation de la Confédération internationale.

Castelain. Cette fondation devra être notifiée à toutes les fédérations étrangères.

Prévost. Il est inutile de nous étendre sur ces détails. Le bureau fédéral fera le nécessaire pour aviser les fédérations des décisions prises aujourd'hui.

Fleury (président). Je vais mettre aux voix l'ensemble de l'article 4 avec l'adjonction Seitz.

Adopté,

Voici maintenant l'ensemble des premiers statuts confédéraux ; mais on pourrait intervertir les articles 3 et 4 de façon à rejeter à la fin l'article fixant le siège social, qui n'est que provisoire :

Art. premier. — La Confédération Internationale des Fédérations d'Artistes Musiciens est créée à Paris ce mardi 10 mai 1904.

Elle a pour but de donner aide et protection à tous les musiciens syndiqués dans tous les pays confédérés.

Art. 2. — Un bureau, dont les membres sont nommés à la même date, sera chargé de localiser les éléments constitutifs de la Confédération Internationale. Un délégué sera choisi par le Comité directeur de chaque Fédération pour former le bureau international.

Art. 3. — Le bureau international a pour but :

1° De maintenir les rapports entre les Syndicats confédérés ;

2° De rédiger les statuts complets de la Confédération ;

3° De notifier aux Fédérations non représentées au Congrès de Paris 1904 la constitution de la Confédération Internationale ;

4° De préparer le Congrès de 1905 ;

5° De communiquer à toutes les Fédérations adhérentes les tarifs de chaque organisation syndicale ;

6° D'aviser toutes les Fédérations confédérées des conflits qui pourraient survenir.

Art. 4. — Provisoirement, et pour l'année 1904-1905, le siège de la Confédération internationale est fixé à Paris.

L'ensemble des statuts est adopté à l'unanimité.

Perret. Camarades, l'article 2 indique dans son premier paragraphe que le bureau de la Confédération internationale doit être constitué aujourd'hui. Or, son deuxième paragraphe dit que les délégués sont choisis par les Comités de chaque Fédération. Il y a là une contradiction flagrante. Nous n'avons pas qualité pour désigner les délégués des autres nations. La seule chose que le Congrès doive faire, c'est de fixer une date pour la désignation de ce Comité.

Bailly. Il faut modifier cette partie des statuts et mettre dans l'article 2 : Le Bureau international sera formé dans le délai d'un mois.

Fleury, président. Quelle date proposez-vous? J'entends le 1er juillet. Voici donc la rédaction définitive de l'article 2 :

Un bureau, dont les membres devront être élus le 1er juillet 1904, etc.

Perret. Il n'est pas inutile de rappeler, pour terminer cette discussion, que les décisions du Congrès de Bordeaux réglant les relations internationales sont toujours en vigueur. L'article 3 des présents statuts s'inspire d'elles. Les délégués voudront bien s'y reporter à titre d'indication pour se rendre compte de la besogne qu'aura à faire le futur Bureau confédéral.

Camarades, je me vois forcé, malgré notre fatigue à tous, de demander qu'une séance soit tenue ce soir, à huit heures et demie, car l'ordre du jour du Congrès français est encore très chargé.

Le président met aux voix la proposition Perret, tendant à tenir une séance de nuit.

Adoptée.

Fleury, président. Ce n'est pas l'heure de faire des discours, mais je tiens à remercier encore une fois, en votre nom, le maître Gustave Charpentier de l'honneur qu'il nous a fait en venant présider notre séance internationale. Une fois de plus, je tiens à l'assurer de nos sentiments reconnaissants et dévoués.

Gustave Charpentier. Je renvoie la balle à Fleury, et je suis sûr d'être votre interprète en le remerciant d'avoir dirigé ces débats avec une adresse et un tact parfaits.

Fleury. Alors, je dois reporter ces remerciements à tous les congressistes qui m'ont facilité cette tâche.

C'est demain qu'on nous photographie, à onze heures et demie ; je prie nos collègues étrangers d'être exacts au rendez-vous, car, désormais, nos visages appartiennent à l'histoire. (Hilarité.) Ensuite, nous irons déjeuner tous ensemble, contents, satisfaits du devoir accompli.

La séance est levée à six heures et demie.

CINQUIÈME SÉANCE

Mardi 10 mai, 8 h. 1/2 du soir.

Président : BONNEVILLE ; *assesseurs* : GOULY
et BACQUEVILLE.

Le Président remercie les congressistes de la confiance
qu'ils lui témoignent et ouvre la discussion sur les statuts.

Chapitre *Courrier de l'Orchestre.*

Article 36

Le Comité fédéral publie un organe chargé de soutenir les
droits et les intérêts des artistes musiciens fédérés.

Cet organe a pour titre : *Le Courrier de l'Orchestre.* Il paraît
le 1er de chaque mois.

Prévost. Il n'est pas utile de mettre dans nos statuts que
le *Courrier de l'Orchestre* paraît le 1er de chaque mois. Je
ne voudrais pas qu'on dise : le journal ne doit paraître qu'une
fois par mois ; car on pourra peut-être arriver à le faire paraître plus souvent.

Le Président. Pour réaliser des économies, on devrait
faire parvenir le journal par colis-postal à chaque syndicat
au lieu de l'envoyer par la poste aux adhérents.

Bailly. Ce n'est pas la question. D'ailleurs cela se fait
pour certaines villes.

Perret. Le camarade Prévost veut qu'on laisse la pério-
dicité du *Courrier* à la discrétion du Comité fédéral. On peut
modifier la dernière phrase ainsi :

Il paraît *au moins* une fois par mois.

Cousin. Y a-t-il une réglementation spéciale pour le
journal, ou faut-il inscrire dans les statuts que les colonnes
sont ouvertes aux syndicats ?

Perret. C'est là une question de réglementation intérieure
plutôt qu'une question statutaire.

L'article 36 est adopté avec la modification de la deuxième
phrase demandée par Prévost.

Article 37.

Le *Courrier de l'Orchestre* est envoyé gratuitement à tous les fédérés. L'envoi pourra être suspendu aux collègues dont les cotisations seront en retard de six mois, lorsque leur Syndicat en fera la demande.

Adopté.

Chapitre *Annuaire* :

Article 38.

Le Comité fédéral publiera chaque année un Annuaire contenant les noms et adresses de tous les musiciens fédérés.

Le tirage de l'Annnaire sera réglé d'après les souscriptions venant directement des syndicats.

Bailly. Je demande que les syndicats de province fassent une campagne acharnée pour forcer les syndiqués à prendre l'*Annuaire*. Il y en a beaucoup qui se contentent d'emprunter ceux de leurs collègues.

Prévost. Il y a une raison majeure pour que la publication de l'*Annuaire* soit faite par la Fédération, puisque l'*Annuaire* contient les noms et adresses de tous les fédérés.

Mais il y a aussi un avantage très grand à ce que la Fédération sache sur quel nombre d'exemplaires elle doit baser son tirage. Cette année l'*Annuaire* a paru aux frais de la Chambre syndicale de Paris. On a demandé aux syndicats de province de souscrire. Quelques-uns ont souscrit pour la forme en nous faisant une commande insignifiante : d'autres n'ont pas souscrit du tout. Or, les frais de publication de l'*Annuaire* sont restés au Syndicat de Paris qui n'est cependant pas très riche. C'est pourquoi Paris a renoncé cette année à cette publication et en laissera désormais la charge à la Fédération.

Cependant la Fédération ne peut pas non plus publier l'*Annuaire* si elle n'est pas assurée d'un certain nombre de souscriptions.

Le Président. Je suis de cet avis. La Chambre syndicale de Bordeaux n'a pas demandé un seul exemplaire du dernier *Annuaire*. Nous n'avons eu que l'exemplaire que Paris nous a envoyé gratuitement.

Gouly. Les syndicats ne pourraient-ils pas s'entendre pour demander un certain nombre d'exemplaires.

Le Président. Je reçois des camarades du Hâvre, la proposition suivante qui modifie l'article 38.

Les Chambres syndicales adhérentes à la Fédération devront souscrire d'office dans la proportion du dixième du nombre de leurs adhérents.

Bailly. Je demande que tous les syndiqués soient forcés de souscrire à l'*Annuaire*.

Castelain. Nous pouvons nous engager à prendre uu certain nombre d'annuaires si nous ne sommes pas certains de les écouler.

Perret. La proposition du Hâvre est très judicieuse ; elle nous assure un tirage de 400 à 500. Mais ce minimum d'un dixième n'empêche pas les syndicats de souscrire davantage. Ce dixième servira à faire connaître l'*Annuaire* aux adhérents et leur donnera l'envie d'en acheter eux-mêmes.

Belain. (Bordeaux). Je crois cette mesure excellente car ce n'est que si on voit d'abord les annuaires qu'on en achètera.

Prévost. J'estime que dans ces conditions la Fédération ne couvrira pas ses frais, la vente de 450 ou 500 annuaires ne paiera pas le tirage. Et si vous mettez dans les statuts la souscription obligatoire de un dixième, peu de syndicats souscriront pour un nombre supérieur. Or, Paris a payé pour les 2000 exemplaires de 1904, la somme de 980 francs. L'an dernier notre premier tirage de 500 nous coûtait 492 francs. Il faudrait avoir un minimum de 1000 souscriptions, ce qui ferait non pas un dixième des adherents, mais 25 0/0.

Dumont. Les syndicats de province ne sont pas riches et quant à le faire prendre par les adhérents nous ne pouvons faire auprès d'eux les voyageurs de commerce.

Je demande qu'on réduise le plus possible les frais de tirage.

Perret. Camarade Dumont, dans notre esprit l'*Annuaire* ne devrait rien coûter du tout à la Fédération, mais il faudrait pour cela que les syndicats souscrivent suffisamment.

Pour le dernier, les syndicats de Lyon Marseille, Nice, Le Hâvre, Pau, Angers et Nantes ont souscrit pour une certaine quantité. Nous venons encore de recevoir une nouvelle demande de Marseille de 50 exemplaires. Je crois que si nous étions préalablement assuré d'un tirage de 500 nous n'aurions pas de peine à en vendre près de 1000 une fois la publication faite.

Il faudrait peut être que cette publication se fasse un peu plus tôt.

L'*Annuaire* de 1904 est sorti en février ; s'il pouvait paraître en novembre ou décembre, c'est-à-dire au début et non à la fin de saison d'hiver, nous en placerions davantage.

D'ailleurs s'il reste un léger déficit dans la caisse fédérale le Congrès ne jugera pas la dépense inutile, car l'*An-*

nuaire est un excellent moyen de propagande syndicale.

Darcq. L'*Annuaire* est très utile aux musiciens de Paris, mais en province il ne sert pas à grand chose; dans une même ville nous nous connaissons à peu près tous.

Bacqueville. Il y a environ 2.200 syndiqués à Paris, sur lesquels 600 à peine prennent l'*Annuaire*. Cela fait du 28 0/0 à peu près ; je me rallie à la proposition de 10 0/0 obligatoire.

Cousin. Au sujet de la date à laquelle paraîtra l'annuaire, il y aurait un grand inconvénient pour le Havre. Nous faisons l'élection de notre bureau en décembre.

On me répondra que nous pouvons changer la date de nos élections; mais alors il faudrait modifier nos statuts. Or, nous avons suffisamment prouvé que nous ne nous désintéressons pas des autres syndicats puisque nous nous sommes abonnés à cet *Annuaire*.

Perret. La logique voudrait que notre *Annuaire* parut en janvier.

Cousin. La date du 1er janvier me paraît la mieux indiquée que toute autre. Il est tout naturel que les camarades qui se sont syndiqués avant le 1er janvier y figurent.

Bacqueville. Ne serait-il pas possible de faire comme pour les annuaires commerciaux, c'est-à dire d'envoyer des listes de souscription aux chambres syndicales de province, en les priant de souscrire pour un certain nombre d'annuaires à partir du 1er octobre. Les syndiqués pourraient en un mois souscrire à leur syndicat. Au 1er novembre les syndicats renverraient leurs listes et le 1er décembre on pourrait commander l'*Annuaire*.

Million. C'est cependant ce que nous avons fait pour le dernier annuaire, Le *Courrier de l'Orchestre* a publié un bulletin de souscription et nous annoncions en même temps que l'*Annuaire* paraîtrait suivant le nombre des souscriptions. Si nous nous en étions tenus au 68 souscriptions que nous avons reçues, nous attendrions encore l'*Annuaire*.

Bailly. Pourquoi y-a-t il, une discussion entre les syndicats de province et le syndicat de Paris. La Fédération ne vous dit pas de souscrire d'avance, elle vous dit qu'on fera l'*Annuaire* d'après un nombre de souscriptions présumé.

Schlosser. (Brest.) Je veux parler au sujet de la publication au 1er janvier. Qu'on arrête la liste au 31 décembre. Il faut plus d'un mois à l'imprimeur pour faire la mise en page et le tirage. L'annuaire paraîtrait donc au plus tôt le 15 février. Il y a intérêt à ce qu'il paraisse le 1ᵉʳ janvier.

Cousin. Si la question doit soulever des discussions je retirerai ma proposition.

Perret. On met en discussion la publication même de l'*Annuaire*. Or, l'*Annuaire* ne doit rien coûter à la Fédération. L'article que vous allez adopter dit que la publication doit être subordonné à un certain nombre de souscriptions. Ces souscriptions sont fixées à 10 0/0 par la proposition d'un syndicat ; vous pouvez fixer un autre chiffre. Mais si nous n'avons pas un nombre de souscriptions suffisant, nous concluerons en ne tirant pas d'annuaire cette année. L'*Annuaire* n'est intéressant qu'à la condition qu'il ne coûte rien à la Fédération ou tout au moins qu'il coûte très peu.

Je demande que les syndicats aient la possibilité de souscrire, plutôt que de compter sur les souscriptions individuelles des syndiqués, je voudrais que le bureau fédéral reçut notification du bureau syndical de chaque localité nous disant : « Nous vous prendrons *tant* d'annuaires. »

Il faut donc arrêter la date où seront closes les souscriptions. Si vous la fixez ou 1ᵉʳ décembre, et si à cette date nous avons 500 annuaires souscrits, par exemple nous tirerons. S'il nous n'en avons que 250 seulement, nous renverrons tout simplement les souscriptions aux syndicats et nous refuserons de tirer.

Cousin. Pour ne pas prolonger la discussion je retire ma proposition.

Le Président. Je viens de recevoir de la chambre syndicale de Paris la proposition suivante : « Les organisations adhérentes sont tenues de souscrire pour le quart de leurs adhérents »

Schlosser. Ce n'est pas suffisant.

Darcq. A Lille nous n'avons pas pris d'annuaires. Nous avons versé 4 fois 68 francs dans l'année à la Fédération pour notre cotisation. Or, avec les 0 fr. 50 par mois de cotisation, nous ne pouvons faire plus.

Perret. Je demande la permission d'apporter une adjonction à l'article 38 qui satisfera les auteurs des autres propositions.

« *Le tirage de l'annuaire sera fixé d'après le nombre d'exemplaires souscrit directement par les syndicats. Si ces souscriptions, qui seront arrêtées à la date du 1ᵉʳ dé-*

*cembre sont jugées insuffisantes, le Comité fédéral pourra
décider de ne pas publier d'annuaire. »*

Le Président. Le camarade du Havre retire sa proposition, je demande au camarade Prévost, s'il retire aussi la
sienne.

Cousin. Je demanderai simplement que la date soit re-
culée au 5 décembre.

Prévost. Il vaudrait mieux la fixer au 15 novembre.

Million. Pour quelle raison le camarade Cousin propose-
t-il ce recul de 5 jours.

Cousin. Pour faire concorder la nomination de notre conseil avec la publication de *l'annuaire*.

Perret. Mais je n'ai pas fixé de date pour l'envoi des
adresses à insérer.

Million. On peut toujours faire quelques corrections au
dernier moment avec la date du 1er décembre comme clôture des souscriptions, *l'annuaire* pourra paraître le 1er janvier.

L'article 38 est adopté avec l'adjonction Perret.

Chapitre *Mutations*.

Article 39.

Tout fédéré, doit lorsqu'il quitte sa localité pour se rendre dans
une ville où il existe un syndicat adhérent à la Fédération, opé-
rer sa mutation à ce nouveau syndicat.

Il ne pourra être admis qu'en se mettant en règle de ses cotisations avec le syndicat qu'il vient de quitter.

Toutefois, lorsque ce déplacement ne devra pas excéder cinq
mois, la mutation ne sera pas exigée. L'adhérent opérant sa
mutation ne sera pas tenu d'acquitter son droit d'admission dans
le syndicat où il rentre.

Gouly. trouve que le délai de cinq mois devrait être
réduit.

Guinand. Je crois qu'il serait bon de supprimer le délai
de 5 mois, du moment que nous supprimons le droit d'entrée.

Je vois beaucoup d'objections à ce qu'un syndiqué qui
sort d'une ville n'entre pas de suite dans le syndicat de la
ville où il va. Mais je ne comprends pas la raison qui fait
qu'un syndiqué puisse être syndiqué dans une ville et ne
pas appartenir au syndicat de la ville où il travaille.

On parle de mutations. Eh bien, les mutations nous devons les imposer. Quand un syndiqué sort d'un syndicat, il

faut le rayer et quand il arrive dans un autre syndicat il doit y être inscrit d'office.

A Genève nous avons eu justement le cas contraire. Il y avait des syndiqués que nous ne connaissions même pas nous n'avions jamais eu de relation avec eux, nous ignorions qu'ils fussent syndiqués et nous appartenions pourtant à la même Fédération.

Je propose la suppression du délai de cinq mois.

Le Président. Je suis de l'avis du camarade Guinand. Dès son arrivée dans une ville fédérée le syndiqué doit se faire connaître du syndicat local. Il s'agit donc de supprimer le paragraphe 3 de l'article 39.

Bailly. Il y a des syndiqués qui, partant d'une ville ou l'on paie une faible cotisation, peuvent se rendre dans une ville ou la cotisation est plus élevée. S'ils ne sont pas obligés de faire leur mutation ils resteront adhérents de leur premier syndicat. A Orléans, par exemple, on paie 0 fr. 25, à Angers on paie 1 franc. Si un syndiqué d'Orléans, venant travailler à Angers n'est pas forcé de se faire inscrire chez nous, il aura intérêt à rester adhérent d'Orléans.

Cousin. On devrait ajouter cet article dans les statuts des syndicats :

Seront exonérés du paiement des cotisations ceux qui sont inscrits par voie de mutation, à condition qu'ils justifient du paiement jusqu'à la fin de l'année au syndicat dont ils viennent.

Je suppose qu'un syndiqué de Rouen justifiant qu'il a payé jusqu'au 21 décembre vienne faire sa mutation au Havre en octobre, il ne devra verser ses cotisations au taux de celles du Hâvre qu'à partir du 1er janvier suivant.

Dumont. C'est aussi mon avis. Il suffit de s'assurer que le camarade qui arrive est bien syndiqué ; peu importe la somme qu'il payait.

Quand nous nous sommes constitués en syndicat, nous avons établi une cotisation non pour créer un fond de caisse, mais pour créer un lien entre les syndiqués.

Aujourd'hui nos frais augmentent. Petit à petit nous augmenterons aussi notre cotisation. Nous n'atteindrons probablement pas celle d'Angers. En tout cas le taux de la cotisation n'a rien à voir avec un syndiqué qui quitte une ville et se rend dans une autre ville fédérée.

Lenoir. Le deuxième paragraphe de l'article 39, règle complètement cette question de cotisation. Voici ce qu'il dit :

Il (le syndiqué) ne pourra être admis qu'en se mettant en règle de ses cotisations avec le syndicat qu'il vient de quitter.

8

www.ingramcontent.com/pod-product-compliance
Lightning Source LLC
Chambersburg PA
CBHW060609100426
42744CB00008B/1376